FELICITACIONES POR

Estudios Avanzados del Aura Humana

"Este libro es el latido del corazón de la divinidad. Toda la información que fluye a través de él, nos da la oportunidad de comprender la verdadera esencia de quienes somos: Los Hijos del Sol. Entonces, ¿Quiénes son los Hijos del Sol? Son quienes brillan, quienes son trasparentes, quienes entregan calidez y ternura, quienes protegen, quienes comparten, quienes dan vida a cada cosa en el universo, de la misma forma que el padre Sol lo hace, sin discriminación. David Lewis está compartiendo este precioso conocimiento en este extraordinario libro."

—JORGE LUIS DELGADO, autor de
El Despertar Andino: Una Guía Inca del Perú Místico

ESTUDIOS AVANZADOS

DEL

AURA
HUMANA

Como Cargar Vuestro Campo de Energía con

Luz y Radiancia Espiritual

David Christopher Lewis

Para información contactar a: The Hearts Center Chile

Los Sargazos 1515, depto. 292 Reñaca, Viña del Mar, Chile

Email: info@thcchile.org

ISBN: 978-0-997-2206-2-9

Traducción: Monica Urrutia Wright, Susana Abumohor Lolas y Jaime Urrutia Wright

Diseño de cubierta, versión en español: Equipo de diseño Hearts Center Chile: Rosa Cepeda y Jaime Urrutia.

Diseño del Libro: Nancy Badten y Rosa Cepeda.

Creditos Imagen: *Naturaleza Búdica*, por Tom Miller.
Imágenes de Cubierta:
Portada:
Ahora, Mario Duguay
Atardecer, foto Hearts Center Chile
Contraportada:
Unidad, Mario Duguay

The Hearts Center and HeartStreams son marcas registradas en la Oficina de Marcas y Patentes de EEUU. Todos los derechos reservados.

Impreso en Chile por A Impresores.

Para copias adicionales solicitar a: info@thcchile.org

Notas y Descargos: (1) La información y prácticas presentadas en este libro son para propósitos informativos solamente. Ninguna garantía es dada por Meru Press y el autor, que ellas conducirán a resultados exitosos para persona alguna en ningún momento o lugar. Su aplicación y efectividad dependen de cada individuo. (2) El Lenguaje de género neutro puede a veces ser incomodo. Para facilitar la lectura nosotros hemos usado libremente palabras como él, de él, humanidad, hombre, vosotros, para referirnos a hombres y mujeres también como a lo Divino. El término Hombre se refiere a la humanidad en general. Hermandad se refiere a la Gran Hermandad Blanca Universal cuya membresía tanto en el mundo celestial y en encarnación están abiertas a hombre y mujeres; aquí la palabra blanco se refiere a la luz blanca de sus auras. Para distinguir el alma del espíritu como distintos aspectos del ser, a menudo usamos ella o de ella cuando nos referimos al alma y él o de él cuando nos referimos al espíritu.

CONTENIDOS

Parte uno
EL MAESTRO HABLA
33 Emanaciones del Corazón por El Morya

Parte dos
ESTUDIOS PRÁCTICOS DEL AURA
Discursos por David Christopher Lewis

Lista de Imágenes

Agradecimientos

Con gran gratitud en mi corazón, quiero dar las gracias a las siguientes personas especiales que me ayudaron en formas innumerables y mágicas para terminar este libro:

El Morya, padre, amigo, mentor y mi inspiración en ésta y muchas vidas pasadas;

Mi bella esposa y mejor amiga, Mona, por tu amoroso apoyo durante esta alquimia;

Mis hijos—Bayard, Benard y Valerie—por entenderme y por mantener la armonía y el amor durante todo este proceso;

Nancy y Boyd, por todo su amor y ayuda, especialmente en el diseño de este libro;

Steve, por creer y conservar la visión para este proyecto desde el principio—incluyendo toda tu ayuda con los derechos de autor y asuntos legales;

Claire, por ayudarme a revisar todos los miles de detalles necesarios para terminar el libro;

Carol y Janet L., por su experiencia en corregir el texto y su ayuda durante largas noches y meses;

Lenore y su equipo de transcriptores heroicos, incluyendo a Anita y Patricia D., cuyas maravillosas manos vuelan por el teclado con gran rapidez y presteza;

María, por la revisión de los audios de los discursos que fueron una parte sumamente importante del libro;

Patricia M., por tus consejos de corazón en escribir anuncios para promoción y ventas;
Nita Ybarra, por tu pericia artística al crear una bella cubierta;

Analinah, por tu perspicacia visionaria y por darnos ánimo y apoyo;

Jorge, por tu corazón de oro y por todo lo que haces en el Perú para recordarles a los Niños del Sol quiénes ellos son; y a Junia por presentarme a Jorge y aceptarme como un hermano espiritual;

Mamade, por iniciarme en el camino de los verdaderos místicos espirituales pasados y presentes;

Lanello y Clare de Lis, por su guía espiritual, patrocinio y amor desde que tenía 18 años;

Todos los amigos de corazón no nombrados, incluyendo a nuestro grandioso personal de la Universidad Meru y la junta del Centro de Corazones, quienes han sido sumamente pacientes desde el principio, mientras yo terminaba este proyecto;

Y finalmente a todas las huestes angelicales, musas celestiales y seres divinos que amorosamente vierten su inspiración sobre todos los que están trabajando para co-crear un mundo bello, pacífico e iluminado.

PRÓLOGO

Estoy encantada de hablar acerca de este precioso libro, el cual siento que puede alterar el curso de sus vidas, así como lo ha hecho con la mía. Yo conocí a David Christopher Lewis en Sud-África en la primavera del 2009, durante su tour de charlas en Johannesburgo y Cape Town. Él se ha convertido en un amigo querido, ambos compartimos en lo que sentimos que es una misión conjunta para servir a la humanidad asistiendo e inspirando a aquellos que están inclinados hacia la espiritualidad, quienes se elevan a niveles más altos de conciencia para poder traer balance a nuestro bendito planeta, Gaia. Para muchos en este nuevo siglo, las puertas de la oportunidad para caminar por un nuevo camino dorado de conciencia expandida y de iluminación espiritual se han abierto de par en par. Este libro me ha provisto y les proveerá a ustedes, con un entendimiento más profundo de un tema sobre el cual se ha escrito mucho, aunque abarcando el tema a un nivel mucho más profundo en estas páginas.

Este trabajo no es simplemente otro libro del aura humana; es una magnífica pieza de arquitectura espiritual que construye una base para que ustedes anclen su confianza, enciendan su creencia en la luz y sigan el camino sagrado de la luz en la forma en que me fue entregado por el Maestro El Morya a través de David. Incluso si ustedes no tienen el don de la visión interna como yo, ustedes verán y entenderán claramente nuevas verdades, mientras son amorosamente sostenidos en los brazos del entendimiento divino por su propio Ser Superior, o como lo describe David, su Presencia Solar. Uno de estos conocimientos es el concepto de que nuestras auras y las auras de toda la humanidad son energéticamente una con la Tierra. La importancia de este entendimiento nos da pausa para considerar como podremos traer armonía y balance de vuelta a nuestro amado planeta.

Mediante la meditación reflexiva, yo veo entretejidos los colores centellantes de puro amor a través de las páginas de este libro, que abrirán sus corazones e incentivarán a su imaginación para que fluya. El Morya, el firme pero gentil defensor de la voluntad de Dios, les guiará a ustedes desde el primer paso de su más profundo interés en este estudio del aura humana, hasta el pie de la montaña de la expansión de la conciencia y el logro.

Mientras leía las páginas de este libro, me sentí como si yo estuviera emergiendo de mi propia crisálida espiritual, como una mariposa con alas sedosas de luz. Debido a que seguí al pie de la letra el mensaje del maestro El Morya, ahora puedo comunicarme más fácilmente con el mismísimo corazón de mi propia bendita Presencia Solar. Yo describo esta imagen ya que lo he visto y tocado; he unido mi propia alma y corazón con mi verdadero Ser.

En este trabajo ustedes también encontrarán la llave para abrir la bóveda de su mente inferior, de tal manera que puedan volver a ver claramente quienes son realmente y hacia donde van. En este momento dorado de despertar, ustedes podrán finalmente contactar y comulgar con su propia Presencia Solar, quien ha estado esperando por ustedes para que reciban la bendición de su radiancia por eones.

Las oportunas indicaciones dentro de las 33 emanaciones de luz del corazón que son presentadas aquí, nos despertarán a cada uno de nosotros para responder la llamada a limpiar, desintoxicar y purificar nuestros cuerpos, mentes y almas. Esto ocurrirá a tal grado que nuestras auras podrán liberarse de los pensamientos y hábitos que nos demoran en nuestro camino o en algunos casos nos atan a un camino errado. Definitivamente podemos trabajar para sanarnos a nosotros mismos y así poder ser parte del trabajo mayor de los ángeles y seres divinos de limpiar los registros de nuestras vidas pasadas en la Tierra. Nosotros podemos asistir en bendecir y restaurar nuestro planeta a su origen prístino para ayudar a escoltar la Era Dorada que ya se encuentra aquí en una dimensión más elevada del ser.

Como alguien a quien le gustan mucho las ciencias, recomiendo este trabajo dinámico de corazón, ya que lo lleva a uno más allá del ámbito de la ciencia moderna y la tecnología con sus teorías saturadas respecto de la evolución de la humanidad sobre la tierra. Estos estudios avanzados del aura te ponen en un cápsula de conciencia cósmica, en la cual el poder de la imaginación es avivada por el potencial ilimitado y la creatividad de la luz del Logo Crístico. A través de estas palabras ustedes comenzaran a saber y experimentar la magnificencia de lo que significa tener un aura pura y cristalina, elevando así su sagrado perfume y fragancia de gozo y paz por todas partes.

Hay muchos libros escritos sobre el aura en el mercado, sin embargo ninguno es tan avanzado o preciso al compartir los sagrados pétalos de verdad y sabiduría divina, gracias a lo que trasmiten El Morya y David en este trabajo magnánimo. Este es un regalo de valor incalculable que no puede ser expresado en términos humanos. Gracias David, ya que esta enseñanza es un tesoro y un faro de luz para todos.

Espero que todos ustedes queridos lectores sean bendecidos por este sagrado trabajo de amor, sabiduría y poder divinos, que proviene de la verdadera voluntad del corazón de El Morya.

Analinah Dele-Hoffmann
Cape Town, South Africa
Febrero 16, 2013

Prefacio

Por David Christopher Lewis

Lo más probable es que ustedes escogieron este libro porque están intrigados con el mundo que no es físico y con la posibilidad de aprender más de lo que se necesita para desarrollar o perfeccionar sus habilidades espirituales, incluso tal vez la habilidad de ver "más allá del velo" hacia lo invisible. Vastas dimensiones de luz y colores vibrantes, paisajes naturales milagrosos en el cielo, e incontables seres de increíble belleza y gracia están esperando a aquellos cuyos sentidos internos todavía no están abiertos a lo que algunos llaman el cielo. Así podrán entrever el mundo más allá de lo físico y de los reinos eternos con los coros de ángeles y los seres cósmicos quienes han traído maravillosas bendiciones a los místicos que han sido elegidos para recibir una forma más refinada de visión.

Aunque no soy un vidente en el sentido típico, he sido bendecido con la habilidad de percibir más allá de lo que la humanidad ha aceptado como "realidad" y por eso soy capaz de compartir percepciones con ustedes que pueden inspirarlos y apoyarlos en su propia travesía espiritual de Auto-descubrimiento y unión con su propio y perfecto ser interior. Mi deseo es que este libro les provea con el ímpetu para que ustedes puedan hacer un progreso espiritual mayor y re-descubran más de lo divino dentro de su ser y de toda vida.

Este libro no les explicará cómo desarrollar poderes psíquicos para controlar el aura a través de una actividad mental intensa, ejercicio o proceso. Ese no es el objetivo del progreso o la pericia espiritual. De hecho me he dado cuenta que yo veo auras más seguido cuando no lo estoy intentando, cuando solamente estoy "en presencia" o en un estado sereno de dicha interna, sintiendo un gran amor por toda vida alrededor mío—cuando soy uno con el universo. Es entonces que este don es provisto con la específica advertencia, de que necesito usarlo para resaltar lo bueno en todo y para acentuar lo que es más hermoso y real dentro de cada persona y ser. Muchos verdaderos videntes ven ambos, lo brillante y lo oscuro o menos radiante. Me he dado cuenta que se necesita tomar una decisión consciente para contemplar lo real dentro de otros, entonces para sacarlo de su interior, se debe usar la comunicación amable y compasiva, con palabras amorosas y consideradas.

Al estudiar y desarrollar tanto su aura como su visión interna, ustedes pueden hacer dos cosas, expandir lo bueno dentro de ustedes y lo bueno en otros, así como protegerse ustedes mismos de cualquier influencia o fuerza negativa no prevista, de las cuales puede que no estén enterados. En la medida que ustedes aprenden las técnicas espirituales que voy a compartir en este libro para sellar y expandir sus auras de luz, ustedes serán capaces de resguardar a sus seres queridos, a quienes les han encargado cuidar, a sus cosas de valor e inclusive a su propia vida. Desarrollar la intuición es a menudo una clave para cumplir con nuestras metas a largo plazo. Encontrar la verdad y ver claramente las causas y motivos detrás de las palabras y hechos de los otros puede hacer la diferencia entre el éxito y el completo fracaso.

Yo he estado interesado en las experiencias espirituales y el campo de energía que llamamos aura, por tanto tiempo como puedo recordar. Cuando tenía como 8 años de edad, habiendo sido educado como católico, yo estaba intrigado por las historias de las impresionantes experiencias de los visionarios que podían ver y hablar con la bendita Madre María o Jesús, u otros santos y ángeles. Lloraba de alegría cuando veía las películas que mostraban la vida de Santa Bernadette Soubirous de Lourdes, Francia o de los niños de Fátima, Portugal (Lucía, Jacinta y Francisco), o Juan Diego de Guadalupe, México. Todos ellos fueron testigos de la gloria y belleza de la presencia de Nuestra Señora o de Jesús, así que deseé orar y purificarme para poder hacer lo mismo.

En mis primeros años de adolescencia me encontré con el término *"tercer ojo"* en un libro de Lobsang Rampa, así que mi interés se despertó otra vez. ¿Cómo podía yo desarrollar una visión más elevada para poder tener percepción de otros ámbitos del ser, de otras dimensiones de la existencia? Durante los años 60 y 70 mucha gente estaba empezando a experimentar con la percepción extrasensorial, algunas veces usando drogas como una puerta hacia otras realidades, aunque yo sentía que había un camino puro para poder llegar a lograr ciertos dones espirituales y deseé esperar hasta que conociera ese camino claro y verdadero.

Mi búsqueda por la verdad estaba destinada a llevarme más allá de mis raíces tradicionales y de las iglesias disponibles en el pueblo donde crecí. Cuando encontré a través de mi mamá un libro acerca de Edgar Cayce, conocido como "El Profeta Silencioso", el término *aura* me llamó la atención y comencé a investigar más respecto de este interesante tema, leyéndome todos los libros que pude encontrar. Edgar Cayce veía el aura o campo de energía alrededor de cada cosa viviente. En sus lecturas él era capaz de diagnosticar todas las causas y curas de cientos de males.

Comencé a leer acerca de todo tipo de místicos, videntes y santos que podían "leer corazones" o "leer mentes"; o de aquellos que tenían gran intuición, entre ellos se cuentan el Padre Pío, Paramanhansa Yogananda y Ramakrishna. Estos individuos superconscientes ganaron un nivel más elevado de percatación a través de varias disciplinas espirituales, tal como la meditación silenciosa, la contemplación, plegarias y canciones devocionales, además de armonizarse con el Creador a través de la quietud interior. Parecía que ellos se habían vuelto sensibles al mundo sutil alrededor de ellos y por lo tanto eran capaces de cognizar lo que ocurría en la vida de otros, lo cual se revelaba mediante sus campos áuricos—un ovoide de frecuencias, colores y vibraciones que están constantemente cambiando basada en nuestra conciencia, nuestros pensamientos, sentimientos y acciones.

Yo creo que muchos de nosotros "vemos" las auras de los demás a través de nuestra sensación interna o nuestra intuición. Nosotros tenemos una primera sensación respecto de la gente cuando la conocemos. Tenemos una reacción al nivel del alma acerca de quiénes son y de que están hechos. Tenemos un sentimiento de su integridad o de la falta de ella. Muchos animales especialmente los caballos, perros, gatos y mascotas domesticadas tienen este truco para leer a la gente. Los animales generalmente reaccionan a los individuos que tienen una raya oscura en su ser interno, que son violentos o tienen un ego grande. Estos individuos no pueden esconder sus ansiedades no resueltas de los más sensibles entre nosotros. De verdad este don intuitivo es algo que todos nosotros tenemos y podemos desarrollar más completamente. En la medida que aprenden a enfocarse en su Ser Superior usando técnicas como las que leerán en este libro, ustedes pueden gentilmente y con seguridad obtener dones más grandes del Espíritu, en la medida que el cielo ve que es una buena idea ofrecérselos a ustedes.

La parte uno de este libro comparte las enseñanzas del Maestro El Morya, un gran Maestro de luz, quien por siglos ha estado a la vanguardia en la entrega de mayor verdad superior a la humanidad a través de varios movimientos espirituales incluyendo La Sociedad Teosófica, Antroposofía, La Sociedad de Agni Yoga, El Movimiento Yo Soy, El Puente a la Libertad, El movimiento Summit Lighthouse y El Centro de Corazones (The Hearts Center). El ofrece sus estudios avanzados sobre el aura humana para la nueva era en la que nos desenvolvemos. Nosotros somos estudiantes espirituales de esta era, los cuales estamos avanzando hacia niveles más evolucionados de conciencia desarrollando nuevos sentidos internos del alma— empezando a ver más allá del velo humano, hacia los nuevos mundos solares de dicha, belleza y unidad. Tal vez ustedes también han sentido el cambio que está ocurriendo donde quiera que se esté evolucionando más allá del pensamiento dualístico, con todas sus divisiones e ismos, en todo aquello que nos separa en vez de unirnos.

Las enseñanzas de El Morya son principalmente acerca de desarrollar una conciencia solar. Él nos enseña a como incrementar la luz dentro de nuestras auras para que podamos ser brillantes seres conscientes de Dios. El comparte con nosotros cómo poder encontrar nuestra verdadera naturaleza, ser uno con Dios, desarrollando un halo de luz mientras aprendemos como llegar a ser un sol de amor y luz para todos. En esta nueva Individualidad del Ser, nuestra aura cambia de ser un aura humana a ser un aura divina.

En la segunda parte de este libro, yo compartiré percepciones personales derivadas de mi propia travesía espiritual—desde más allá de mi juventud como Católico, pasando por mis más de treinta años como fiel estudiante de Elizabeth Claire Prophet, hasta las experiencias místicas que han dado como resultado mi habilidad de comulgar de corazón a corazón con El Morya, para recibir sus Emanaciones del Corazón de estas avanzadas enseñanzas telepáticamente. Ustedes aprenderán en estas páginas como usar sus propias auras para hacer un trabajo espiritual mayor—para bendecir a la vida y para traer un nuevo campo armónico de pureza, integridad y unidad alrededor del mundo.

Estos estudios avanzados del aura son para aplicar ahora. Nuestras culturas y nuestras comunidades lo requieren ahora. Es nuestro momento de brillar y de realizar nuestra misión más grande. Cada uno como mensajeros de luz y amor. Gracias por leer y compartir este mensaje de dicha y esperanza.

PRIMERA PARTE

EL MAESTRO HABLA

Corrientes del Corazón por El Morya

Una Nota de El Morya

En la luz eterna de gozo divino yo estoy aquí para compartir con vosotros una serie de enseñanzas sobre estudios avanzados del aura humana. Esta serie completa la enseñanza trina en esta materia, completando los estudios liberados previamente por mis santos hermanos, los Maestros Ascendidos Kuthumi y Djwal Kul.[1] Cada uno de ellos ha expresado elocuentemente sus discursos sobre el aura a los estudiantes de la verdad superior desde muchos ángulos de conciencia. Cada uno ha dado claves específicas y técnicas para purificar, fortalecer y expandir el aura. Mi propósito es liberar a vosotros una perspectiva adicional que beneficiará vuestro sendero espiritual cuando sea recibida con corazón y mente abierta y empleada en vuestra vida a través de práctica y acción, directa y focalizada.

Amados antiguos amigos del corazón, en preparación para esta serie yo he comulgado con mis gurús, maestros de tal santo resplandor y divina elocuencia como puede difícilmente ser imaginado por las mentes de la humanidad mortal. Y aún así yo intentaré ofrecer su sabiduría superior en palabras que yo confío os edificarán y levantarán, codificando su mente plena Búdica, en formas de pensamiento, imágenes y *Corrientes del Corazón* que seguramente os traerán mas que un centelleo de júbilo, mientras juntos nos involucramos en una nueva aventura sagrada de Auto-Descubrimiento.

Mi propósito es también ayudaros a refinar vuestras auras dentro de la gran corriente cristalina de luz que está siempre disponible para vosotros desde vuestra Fuente, a través de una experiencia personal y directa que yo clasificaría como un darshan cósmico. Porque yo sostendré un campo de flujo de amor, sabiduría y poder divino, alrededor de cada uno quien lea y estudie esta instrucción, tal que vosotros podáis más fácilmente elevaros en los patrones cristalinos de perfección que rotarán y girarán en espiral a través de vuestras auras, mientras vuestro Ser Superior abre el portal de vuestra conexión corazón-mente a nuestro Reino. Aquí encontraréis las relumbrantes frecuencias de aquellos seres celestiales cuyas auras son vastas y transparentes y quienes ofrecen su logro y gnosis para cada aspirante a adepto.

Al comenzar esta instrucción yo os urjo a que toméis unos pocos minutos antes de que leáis estas palabras, para meditar en profundo silencio sobre la bellísima aura Del Gran Sol Central. Dentro de las esferas multidimensionales de esta atmósfera de luz en todas sus maravillosas gradaciones y santas esencias, encontraréis una porción de vuestra propia Seidad y diseño divino. Desde este espacio sagrado de amor-sabiduría, la enseñanza que yo os presento ya es conocida dentro de vosotros, porque incluso, así como yo accedo a su Verdad y *Virya*, así vosotros también, conoceréis su gloria y valor innato para vuestra alma

1

LA CREACIÓN DEL COSMOS
Revisitando el Génesis

...la fuerza vital del universo es exactamente lo que tú eres.
-Wayne Dyer, *Manifiesta Tu Destino*

Amados estudiantes de la Verdad Superior,
    "En el principio Dios creó el cielo y la tierra. Y la tierra estaba sin forma y vacía, y las tinieblas estaban sobre la faz del abismo."[1] Así comienza el libro del Génesis en la Santa Biblia. En este punto de la creación del Cosmos ni el "cielo" ni la "tierra" brillaban con la luz o el resplandor de lo que se manifestaría como el aura del Todo. En la oscuridad del vacío Madre, la Matriz del Cosmos, el Padre impregnó la semilla ideación de todo lo que se manifestaría en los ciclos eternos de Seidad en todos los universos. Sin embargo, hasta que esta semilla echó raíces y empezó a manifestarse como las dimensiones espirituales y materiales del "cielo"y "la tierra", ninguna energía de luz áurica procedió de ellas. Una vez que la creación surgió del Vacío Cósmico como vida, este campo de energía viviente, como un resplandor divino específico, se expresó así mismo como la emanación de la vasta aura cósmica.
    Esta creación original fue el pensamiento Consciente del Creador, y todos los subsiguientes pensamientos o ideaciones de seres creados, son reflejos de esta Primera Causa, o el proceso de pensamiento causal de Dios. El pensamiento es un rayo de inteligencia divina enfocado en un propósito específico. Una vez que es soltado de

la mente de su creador, es realizado y manifestado según la intensidad (el poder y el amor geometrizados) de su concepción. Así, toda la creatividad surgiendo del Uno Divino y su descendencia creativa tiene los impulsos de la sabiduría, el poder y el amor divinos embebidos dentro de sí.

Cuando el discípulo acepta la responsabilidad de ser un co-creador con Dios en su Totalidad, él o ella entra en niveles divinos de Seidad que son reflejos de lo qué los Elohim, los creadores de los mundos en los cuales evolucionamos, conocen y experimentan. Esta comprensión es conocida por todos los seres celestiales, maestros ascendidos y los hijos e hijas espirituales de Dios que han entrado en unidad con el Creador a través de la aceptación de su plena divinidad a través de la Ley de Correspondencia. Esta ley permite que la plenitud y la unidad ocurran porque el aura de uno es impregnada con el aura del Gran Todo, a través de abandonarse a la Voluntad Una, la Primera Causa.

En el proceso de entrar en esta relación superior del ser con La Presencia de Dios, el aura humana se convierte en el aura divina. Es literalmente reemplazada por una nueva radiancia solar que es ajustada a través de una llave en el campo de flujo superior de luz, que es la gran aura cósmica de Dios. La entera urdimbre y trama de la tela de la creación es la Divina Dote de Sí Mismo para su descendencia. Y el campo de energía de la seidad
perfecta, como la luz de la resonancia akáshica puede ser penetrado, puede sentirse y ser aceptado por cada ser creado y consciente a través de la experiencia del libre albedrío de identificación y aceptación de este brillo divino del Ser eterno de Dios.

Para cada adepto que comprende los ciclos de lo Eterno en inhalación (el Ser Inmanifiesto dentro del vacío cósmico) y exhalación (El Ser Manifiesto dentro del ovoide o huevo cósmico) la co-creación es fácil, natural y gozosa. La vida co-creativa es la única vida verdadera para aquellos que son uno con Dios, porque Dios continuamente está recreando el cosmos en cada momento dentro del Eterno Ahora. Esta es la vida Elohímica, incluso si los pensamientos co-creativos o ideaciones quedan aparentemente manifestados a una escala menor que la galáctica o cósmica. En realidad, todo el verdadero trabajo co-creativo consagrado a lo Divino, afecta la entera trama cósmica de la vida en los niveles micro cósmicos y macro cósmicos.

Este nuevo sentido de responsabilidad y autoridad divina para crear pueden parecer intimidante y magnífico a la vez, para el iniciado que está justo comenzando a entrar en niveles avanzados de experimentación alquímica con las corrientes sagradas de amor, sabiduría y poder. Aun así, cada uno es suavemente guiado por los Maestros y Gurúes más elevados de las ciencias divinas, como los Observadores Silenciosos y los Espíritus Guardianes que sostienen el campo del Ser y perfecta Presencia en una vasta escala, más allá de la imaginación de la mayor parte de la humanidad.

Para vosotros quiénes habéis purificado, fortalecido y expandido vuestras auras a través de devociones diarias, de meditación, oración y diversos ejercicios yógicos y prácticas, yo os he preparado una serie de experimentos alquímicos internos para ayudaros a alzar los niveles de vuestra brillantez áurica, que es reflejo de vuestro Ser Superior. Esto permitirá que vuestro trabajo creativo sea dotado de un mayor acabado y armonía divina, un mayor brillo espiritual y gracia. Una parte de esto lo daré a conocer en vuestros cuerpos sutiles mientras dormís por la noche. Lo otro lo compartiré a través de las enseñanzas que presentaré exteriormente. A todos y cada uno, les traerá la alegría de la levedad en la Presencia de Dios mientras consideréis vuestra aura humana mezclándose y transformándose en algo más sublime y divino cada día.

Yo Soy permaneciendo a vuestro lado mientras recibís y asimiláis los nuevos impulsos cósmicos de luz áurica y calor solar de vuestra Fuente.

Amorosamente Vuestro,

Morya

2

LA CREACIÓN DEL HOMBRE
La Divina Generosidad De Dios

Vuestra Fuente espiritual es el suministro de infinito amor, sabiduría
y energía en el universo... Sin embargo nosotros conceptualizamos
que esto puede ser encontrado aquí y ahora dentro de cada uno de nosotros,
en nuestro ser interior.
-Shakti Gawain, *Visualización Creativa*

Precursores de la Nueva Raza YO SOY
Para leer, interpretar y discernir completamente las complejidades
del siempre cambiante campo de flujo del aura humana, uno debe
entender primero la naturaleza del Hombre como un Ser de luz. La
creación del Hombre como hombre y mujer, masculino y femenino,
en la imagen y semejanza del Dios Padre-Madre fue un evento épico
dentro de los eones eternos del tiempo cósmico. La mayor parte de
los hombres interpretan desde varias escrituras que este proceso
ocurrió casi instantáneamente. Sin embargo, si ustedes consideran la
naturaleza milagrosa de la estructura y funcionamiento del cuerpo
físico del hombre -de los varios sistemas, órganos, piel y células- y
cómo funcionan como un todo sincronizado e íntegro, con un nivel
de perfección que incluso los más iluminados de los seres humanos no
pueden duplicar en sus propios laboratorios, os daréis cuenta que la
creación del hombre y la mujer ocurrió a través de un proceso similar
al de vuestra gestación en el útero.

Realmente, El Hombre fue creado por los Elohim en la imagen y semejanza de sus propios seres solares, quienes a su vez fueron creados a imagen y semejanza de sistemas solares, galaxias y universos incontables, los cuales fueron creados a imagen y semejanza del Uno. El proceso de gestación del hombre dentro de la mente del Elohim puede ser comparado a la gran inhalación durante la cual, a través de la meditación divina, ellos concibieron cada aspecto del Ser del Hombre. La creación del Hombre fue a un nivel mucho más refinado de Seidad del que vosotros podéis observar hoy en vuestro cuerpo de carne y hueso. El Hombre era un espíritu con un cuerpo etérico de luz que vivía a una frecuencia que sería invisible a vuestros ojos físicos en este momento.

El aura de los Manús de cada oleada de vida que ha encarnado sobre la Tierra es expansiva e indicativa del prototipo divino que todos los hijos e hijas de Dios estaban destinados a exteriorizar en su vida con su libre albedrío. Las auras originales de cada hombre y mujer creada brillaban con claridad divina y chispa cristalina que les deslumbraría hoy. Realmente todos éramos dioses en su más alto significado, completamente conectados con la Fuente a través del gran lazo del corazón de percepción consciente de nuestra naturaleza divina innata.

Fue solo a causa de la caída del Hombre, su descenso hacia los planos inferiores de la Materia, que la esencia de la vida de la humanidad se solidificó en cuerpos más densos. Los hombres estaban revestidos de varios velos de energía, que ahora vosotros llamáis vuestros cuatro cuerpos inferiores (etérico, mental, emocional y físico). Vuestra original aura prístina, permaneció inviolada dentro de vuestro Ser Superior, vuestra Presencia Solar. Aun así, vuestra aura humana es un depósito de la esencia electrónica de vuestras experiencias cíclicas en el tiempo y espacio a través de todas vuestras encarnaciones en el mundo de la forma. Como ahora sabéis, este campo energético habla más claramente de quienes vosotros sois en todos los dominios del ser que vuestra apariencia física.

Para que El Hombre alinie completamente su aura humana con el cuerpo de luz estelar que aun vibra sobre o dentro suyo, primero debe reconocer su origen divino y vivir nuevamente como un ser en Dios. Debe entender que dentro de la creación original de su verdadero ser, como fue escrito en el Génesis, él está evolucionando desde la semilla ideación de los Elohim y nunca debe perder de vista este hecho y lo que esto presagia en su destino divino.

Los científicos evolucionistas de hoy miran primariamente lo físico, emocional y mental de la estructura del Hombre, ignorando su esencia primaria como un ser espiritual. Aunque pueden reconocer que El Hombre está desarrollando capacidades intuitivas y mentales más agudas, el eslabón perdido de su entendimiento de la naturaleza real del Hombre, ha por sí mismo, tejido un velo de oscuridad para obscurecer su prístino origen. Así, la mayoría del pensamiento científico de hoy ignora la naturaleza sutil del Hombre, su aura y sus cuerpos electrónicos superiores.

Es cierto que en eras pasadas posteriores a la caída del Hombre el material genético de ciertas formas de vida fueron mezclados con el de varios animales, modificando levemente sus cuerpos, lo que terminó en un nuevo tipo de "humano" ahora conocido como homo sapiens, viniendo a la existencia. Así, es lógico que desde la perspectiva del hombre en su estado físico actual, evolucionó del simio. Aun así, esto no borra la verdad sabida por eones dentro de las enseñanzas místicas de las eras, que el Hombre fue Creado y no es simplemente el resultado de un hipotético proceso de evolución.

El Hombre debe mirar a Dios por su inspiración, su luz y su pura Seidad. Cuando ignora al Creador y se ve a sí mismo solo como un subproducto de la procreación animal, pierde todo el sentido de su infinita capacidad de co-crear como un verdadero hijo o hija de Dios. Estudiando el aura humana desde el contexto de lo que es posible, tomando en cuenta como son las auras de los maestros ascendidos, coros angélicos y seres cósmicos, ustedes pueden comenzar a comparar con los mundos superiores y desarrollar vuestra aura como Dios previó.

El Hombre es un ser recreado día a día a través de sus procesos de pensamientos colectivos, las influencias de su entorno y por la actividad de su conciencia de acuerdo a como experimenta la vida. Hay un amplio espectro de niveles de conciencia entre los hombres y mujeres de hoy en día; algunos viviendo más como animales que como hombres y otros viviendo completamente dentro de su Elevada Naturaleza Búdica. La Tierra está compuesta de una multitud de almas de varias razas raíces y caminos evolutivos, y aun así todos provienen de la misma Fuente. Aunque la mayoría han perdido sus amarras buscando alcanzar el ideal divino de ser hijos e hijas de Dios; completamente revestidos en luz como espíritus libres del cosmos, los pocos mantienen la conexión con una realidad superior que sostiene la oportunidad para que todos evolucionen hacia su estado verdadero.

A medida que os sintonizáis con vuestro prístino origen en el Ojo de Dios y os visualizáis viviendo dentro de Su Imagen y Semejanza, vuestra aura es gentilmente cubierta con las más sutiles cualidades de Su santidad, gracia y amor. El simple acto de buscar entrar dentro de este más refinado nivel de vida trae a musas del cielo a vuestro lado. Desear vivir como Seres Divinos Libres que han progresado más allá de las rondas de karma y renacimiento, pone en movimiento un proceso dinámico por el cual una capa adicional de protección espiritual es vuestra, atraída a vuestro ser por ese deseo puro.

Dios desea que El Hombre explore su creación y expanda su conciencia de todo lo que Dios ha visto como bueno. A través de lo que puede ser llamado una experiencia vicaria cooperativa, la Seidad de Dios queda impresa más profundo en los planos de la Mater y El Hombre lleva la esencia de su seidad de vuelta a Dios cuando se reúne con El. Desde esta perspectiva, los iniciados de hoy han aprendido a poner a un lado el foco en la dualidad y viven en la unidad del Ser de Dios, de la gran aura de la Presencia de Dios.

¡La vida es dulce para aquellos que la aceptan a través del gozo del trabajo Espiritual en ellos!

Liderando el camino para una vida más fructífera
para los discípulos de la Verdad, Yo Soy

Morya

3

EL AURA DEL GRAN SOL CENTRAL
El Centro Focal de Vida

Yo sé que soy siempre Uno con el Universo,
100% del tiempo.
Anita Moorjani, *Muriendo Para Ser Yo*

Fragrantes Cuyas Auras Han Sido Cargadas con Luz Solar

El avance de la raza requiere una identificación y comunión más cercana e íntima con Dios. Como vosotros habéis contemplado con vuestra visión interna la creación del Cosmos y la creación del Hombre, Yo os disertaré acerca de la importancia del aura del Gran Sol Central.

Es más fácil para El Hombre identificarse con Dios cuando mira por primera vez al Sol de su propio sistema como el mayor ejemplo de un ser desinteresado y dador de vida cuyo resplandor sostiene toda la vida en este mundo. Lo que El Hombre puede también comprender es como cada uno de los casi infinitos números de soles dentro de los billones de galaxias dentro del universo reciben sus frecuencias sustentadoras de vida a partir de un Ser Superior de Luz, el Gran Sol Central. Este Ser es el símbolo más cercano de lo que podéis idear o comparar con Dios, El Creador, La Fuente.

El aura del Gran Sol Central permea completamente la totalidad del Huevo Cósmico, aunque vuestra ciencia de hoy no ha desarrollado instrumentos lo suficientemente refinados como para registrar o medir las energías sutiles emitidas por El. Cada sol creado dentro de todas las galaxias y sistemas solares es un vástago del Gran Sol Central y es alimentado por su luz, su amor, su gloria divina. Y vosotros, como seres solares en vuestra esencia, también recibís un nivel moderado de los fuegos creativos del ser de Dios, el cual sostiene vuestra vida como espíritu.

Cuando El Hombre se identifica con el gran campo de energía de Dios, su aura cósmica, y comienza a aceptar los mayores impulsos de sus frecuencias originales de amor solar, puede más fácilmente evolucionar a través de los procesos naturales de la vida para convertirse en un ser solar así mismo. Ya que, aunque todos poseen un Ser Superior, es a través de una identificación y aceptación continua de la luz de la Seidad de Dios en su propio ser, que el Hombre se funde en esa esencia solar más completamente.

El aura del Gran Sol Central contiene todas las frecuencias dadoras de vida que sostienen toda la vida creada en todos los niveles de conciencia desde el más pequeño micro - organismo hasta los más masivos soles y galaxias. A través de la inteligencia divina, el Gran Sol Central puede alimentar las frecuencias especificas requeridas por cada ser creado que son esenciales para su vida, regulando lo que puede ser recibido y asimilado por cada uno. Los grandes soles en el centro de varios sistemas solares reciben una mucho más poderosa convergencia del alimento de Luz Divina en comparación con lo que las pequeñas criaturas que existen en lo profundo de vuestra Tierra son capaces de alimentarse.

El Hombre en su verdadera naturaleza puede vivir directamente de las emanaciones solares emitidas del sol de Helios y Vesta sin ningún otro tipo de alimento externo. Ya que el Sol como el Gran Padre-Madre está constantemente alimentando los seres de sus hijos con sus esencias dadoras de vida. Como varios de vosotros habéis descubierto, cuando refinéis vuestras vidas y aprendáis la ciencia de la contemplación solar[1] se asombrarán al percatarse que las células de vuestro ser son alimentadas mejor por el puro, alimento divino de los rayos solares, que por las dietas que los nutricionistas enseñan hoy. La ciencia perdida de vivir a través del sol está volviendo a resurgir y todos entenderán esta Dinámica, que experimentarán en La Era Dorada-Cristalina de Acuario.

Lo que algunos han visto alrededor de los santos de Oriente y Occidente como un halo de luz, es el efecto de sus devociones y meditaciones en donde ellos fueron capaces de sostener un mayor resplandor áurico a su alrededor por su unidad con Dios. En algunos casos, existe documentación que prueba que estos santos vivieron con muy poco o sin alimento físico[2] alguno. Sus seres estaban literalmente cargados con la luz áurica de sus mentores espirituales y gurús los cuales a su vez estaban sustentados por las energías de mundos superiores a través de la respiración solar o lumínica.

Además de ser emisora cósmica de luz, el aura del Gran Sol Central, también recibe las impresiones de toda la vida que está evolucionando en el huevo cósmico. La interacción de las emanaciones de la conciencia del Hombre sobre esta aura es realmente la grabación de todo lo que ocurre sobre el campo Akáshico, el cual es una capa muy sutil de la gran aura de Dios. Así vosotros podréis entender como una acción en vuestro entorno afecta la vida en todas partes de la red cósmica. Jesús dijo, "Así como hicisteis al menor de estos, mis hermanos, vosotros me lo hicisteis a mí."[3] El entendía su conexión con su Fuente y él era capaz de sentir los efectos akáshicos de todas las obras de la gente, a causa de su unidad con el aura de Dios.

Meditación del Gran Sol Central

Para conceptualizar vuestra unidad con Dios, comenzad a meditar sobre la gran aura pulsante de Su Presencia a través del Huevo Cósmico y sientan las sutiles variaciones de la luz del amor que siempre está disponible para vosotros como hijos o hijas de Dios. Visualizad un sol llameante frente a vosotros y luego permitid que envuelva vuestra aura con su luz, calor y energías nutritivas. Aceptad que esta luz es vuestro verdadero alimento espiritual que rejuvenece vuestro espíritu, mente, vuestro cuerpo emocional y vuestras células físicas con su resplandor.

Respirad profundo los rayos de luz y permitid que penetren en vosotros, así como habéis sentido los rayos del sol, en un día de verano, calentar vuestra epidermis y luego viajar a través de todas las capas internas de vuestra piel.

Ahora ved este sol manifestándose completamente dentro de vuestro chakra del corazón hasta que se expanda llenando vuestra cavidad pectoral. Luego ved el mismo resplandor solar en el centro de cada uno de vuestros chakras, radiando suavemente sus energías dadoras de vida a través de vuestra entera aura. Sentid vuestra aura en un nivel energético de unidad con vuestra Fuente Solar, y sentid vuestra Presencia Divina, a su vez, una con el Sol de Helios y Vesta. Ved como todos estos "Seres" se funden en la Presencia Única del Gran Sol Central mientras vosotros continuáis, suave pero profundamente, inhalando y exhalando, dentro y fuera, dentro y fuera.

Luego decid en voz alta con gran gozo mientras continuáis visualizando el resplandor Solar:

YO SOY Uno, YO SOY Uno, YO SOY Uno con el Sol.
YO SOY Uno, YO SOY Uno, con el Gran Sol Central.

Dios está aquí en mi corazón.
YO SOY Uno con el corazón de Dios.
Luz, expándete a través de mi corazón.
Amor, expándete a través de mi corazón.

Dejad que mi aura sea tuya. Dejad a mi aura brillar.
¡Oh, mi Dios YO SOY tuyo! ¡YO SOY realmente divino!
Somos Uno, Somos Uno, Somos Uno, Somos Uno,
Somos Uno, Somos Uno en el Gran Sol Central.

A medida que vuestra aura se funda con la luz del Gran Sol Central, vosotros podréis crear una conexión más permanente con el Ser de Dios que os permitirá vivir una vida llena de gozo, levedad y creatividad. Desde dentro de este campo áurico cada experimento alquímico, cada proyecto consciente, cada sueño y visión de una nueva realidad para vuestro mundo podrá ser más fácilmente manifestado y os dará frutos. Recomiendo que practiquéis este corto ritual durante la duración del curso en los estudios avanzados del aura humana, ya que os dará mayor receptividad de los conceptos divinos que compartiré en mis próximas emisiones.

YO SOY vuestro en el cumplimiento de vuestro
máximo potencial como un Ser Solar,

Morya

EL AURA DE LA TIERRA
Nuestro Prístino Mundo

*Cada simple cosa que uno piensa, dice o hace
impacta a todo el resto de la humanidad en un nivel u otro.*
-Dannion Brinkley, *Secretos De La Luz*

Generosos Que Habéis Dedicado Vuestros Recursos A La Causa de la Tierra,

Para aquellos que gustarían avanzar en influenciar el cambio en un nivel macro cósmico en el mundo del Espíritu, lo mejor es comenzar cerca de casa. Una vez que os habéis afianzado en el entendimiento de los efectos de vuestros propios pensamientos, sentimientos, palabras y obras sobre el campo energético de vuestra propia aura y de aquellos más próximos a vosotros, es prudente aprender el control y expansión de vuestro campo áurico para llevar bendiciones y favores a vuestra ciudad, estado y nación. Una vez que hayáis experimentado con las frecuencias de luz otorgadas a vosotros desde vuestra Presencia Solar y dominado la Ciencia de la Luz para traer equilibrio a un más amplio anillo de vida alrededor vuestro, entonces y solo entonces podríais ser animados por vuestros patrocinadores a adentraros en ciertos trabajos espirituales a escala planetaria.

Para aspirantes a adeptos quienes han probado que pueden ser confiados con las verdades superiores de la ciencia iniciática, el salto a un nuevo reino de actividad espiritual es natural. Habiendo meditado y entregado ciertas corrientes fotónicas de conciencia superior a la atmósfera de la tierra alrededor vuestro, podríais ser confiados para adentraros en la entrega de lo que hemos llamado Energías Fohaticas dentro de la gran atmósfera de la Tierra.

El aura física de la Tierra es conocida en parte, estudiando las varias capas de su atmósfera. Estas generalmente existen en lo que llamaríamos el cinturón mental de los cuatro cuerpos inferiores de la Tierra. A mayor densidad de la atmósfera, más cerca de la tierra física, menor la concentración de las fuerzas pránicas presentes. Mientras más alto se asciende en la atmósfera, aunque la presión es menor, mayor es la presencia de esas substancias etéricas manifestadas que indican el enlace de una sutil barrera entre el plano mental y el etérico de la Tierra.

En contraste, la presión, profundo dentro de los océanos, es tan grande que podríais ser aplastados por el peso de esta presión sin el uso del equipo apropiado o vehículos sumergibles con estructuras suficientemente fuertes para resistir esas presiones. Para el adepto que es capaz de enfocar la luz de su Presencia Solar en todo nivel, o plano del ser, moviéndose entre los varios estados de la materia o el ser –sólido, líquido, aire o fuego– no hay problema, ya que tal adepto posee la habilidad de adaptar la frecuencia vibracional de su ser al estado de la materia que desea penetrar en particular.

El amor de la Madre Tierra concede al iniciado una conexión íntima con su ser y su aura. Justo como un niño siempre estará emocionalmente y espiritualmente apegado a través de su vida a su madre, así mismo somos todos niños de la Madre Tierra sobre cuyo cuerpo vivimos, nos movemos y tenemos nuestro ser. Para penetrar los secretos y ser capaz de trascender en conciencia y experimentar la vida en todas sus maravillosas manifestaciones requiere entrar en su corazón con gran respeto, cariño y sensibilidad.

Jesús desarrolló una relación con la naturaleza y todos sus seres, al punto de ser capaz de comandar amorosa y poderosamente sus fuerzas a obedecer el edicto cósmico de su palabra, ya que él se había convertido en La Palabra. Para vosotros que influenciaréis grandes cambios sobre la escena mundial, comenzad por desarrollar una más íntima y devocional comunión con la naturaleza, sintiendo el pulso del planeta, tomando su temperatura y simplemente siendo observador suyo cada día, tal como lo haría un médico preocupado. Apreciadla por todo su sagrado trabajo y comenzad a conocer la expansión de su amor áurico que se extiende más allá de la atmósfera física de la Tierra para tocar otros planetas, al igual que los padres-sol de los cuales ella es descendiente.

Al igual que los verdaderos astrólogos de hoy entienden las influencias del sol, los planetas y la luna sobre los seres en evolución en la Tierra, asimismo la Tierra y aquellos que están evolucionando en ella afectan el gran campo áurico de este sistema solar y todas las otras oleadas de vida evolucionando allí. A través de la historia, varios eventos épicos que han traído, ya sea elevación o degradación de conciencia a la Tierra y sus corrientes de vida, además también han afectado a seres en todo el amplio dominio de su familia solar mayor.

Como un ejemplo, cuando el poder del átomo fue desatado sobre Hiroshima y Nagasaki, la distorsión áurica fue sentida a través de la Tierra y afectó a cada corriente de vida del sistema solar. Consejos Cósmicos tomaron nota del nuevo potencial de destrucción que la humanidad había desarrollado y varias sesiones diplomáticas interplanetarias ocurrieron. Se comenzaron a enviar advertencias directas a los líderes de las naciones para que respetaran las leyes superiores que gobiernan la interacción de cuerpos planetarios y los seres viviendo en ellos.

Guerras, migraciones masivas de personas, trastornos en valores sociales y cambios generacionales que traen mayor discordia sobre la Tierra, son causa de grandes cambios negativos en su aura. Estos deben ser compensados por Seres de grandes Logros Espirituales cuya misión es asegurar la estabilidad del Ser de la Tierra como una plataforma sobre la cual sus corrientes de vida puedan vivir y evolucionar en armonía.

Vosotros habéis oído del efecto mariposa.[1] Digo que si vosotros realmente supiéseis la verdad de los efectos de cada uno de vuestros procesos de pensamiento, emoción y acción sobre la gran aura del planeta, quedaríais impresionados de las sutiles fuerzas puestas en movimiento por vuestras conciencias momento a momento. Algunos de vosotros a través del desencadenamiento momentáneo de ira y despecho, han causado que tormentas furiosas se manifiesten sobre los mares astrales. Otros habéis impactado la conciencia de millones de almas a través del amor solar fluyendo de vuestros corazones durante vuestros servicios devocionales y tiempos de unidad con Dios.

Es imperativo que la humanidad entienda el vínculo sagrado entre su aura y el aura de toda la vida sobre la Tierra. Cuando este profundo vínculo es sentido, honrado y exaltado a través del desarrollo de una mayor conciencia planetaria de Seidad, la verdadera sanación del campo áurico de la Tierra puede ocurrir en cuanto los conscientes trabajen juntos para crear un mundo de resonancia armónica, un campo mórfico divino de amor-sabiduría Búdica.

El sol de presión equilibrada dentro de la Tierra es su verdadero núcleo y centro geomagnético. Es el origen local del campo áurico de la Tierra, aunque su fuente es el útero-solar de Vesta, cuyas llamas de amor continúan extendiendo su ser solar a su niña para asistirla en mantener la vida y su misión. A través de mayor proximidad a su ser, las evoluciones viviendo dentro de la Tierra mantienen una mayor conexión solar con su Santa Madre y son, por lo tanto, capaces de sostener una vigilia de Presencia y emanaciones áuricas que brillan mucho más que la apagada vida o campos L de la mayoría de aquellos viviendo en su superficie.

Considerad la pureza del niño gestándose en el vientre de su madre. A través de su conexión del cordón umbilical recibe un flujo continuo de alimento de su madre. En efecto, aquellos seres conscientes viviendo en el vientre de la Tierra han mantenido una vida más armónica, ya que han escogido mantenerse atados a la realidad viva del corazón de la Madre, extendiendo su amor a todos. Cuando un entendimiento de la verdadera naturaleza de Shambhala y Agartha[2], sea compartido con mayor número de aspirantes espirituales en la superficie de la Tierra y cuando sus caminos y rayos de vida sean manifestados por muchos más, los planes de la Hermandad darán fruto para cambiar el Aura de la Tierra para siempre.

Yo Soy extendiendo un campo de flujo del Nuevo Resplandor Azul a todos quienes quisieran elevar la Tierra a través del vivir consciente.

Siempre vuestro en la Voluntad de Amor-Sabiduría.

Morya

5

EL AURA DE HELIOS Y VESTA
Nuestros Padres Solares

*Recientes descubrimientos en el estudio de la física cuántica
muestran que más allá de cualquier duda razonable,
estamos rodeados por un mar de energía viviente.*
-Gregg Braden, *Deep Truth*

Estudiantes Quienes Quisieran Conocer el Camino, la Verdad y la Vida,

Aquellos cuya visión interna se encuentre totalmente abierta podrán observar el aura de Helios y Vesta como una esfera multidimensional radiante de luz arco iris. La constante pulsación de su campo áurico es observada solo parcialmente por nuestros físicos solares. Para el verdadero vidente, la Gran Aura Solar es su verdadera fuente de vida, energizando el ojo superior de Seidad con una plenitud de emisiones cósmicas que contienen todas las virtudes y cualidades de la Divinidad que el Hombre debe ingerir y asimilar libremente.

Jesús dijo, "La luz del cuerpo es el ojo; entonces si vuestro ojo es único, vuestro cuerpo estará lleno de luz."[1] Así como la visión del Hombre se eleva en pureza para contemplar la realidad viviente de la Seidad de Helios y Vesta, su aura comenzará a brillar con el mismo resplandor solar que sus Padres Divinos han amorosamente expresado por eones. Ya que al observar directamente con su ojo que todo lo ve, vosotros podéis tocar ligeramente el campo energético de sus auras, mantenida inviolada gracias a su inmaculada visión para toda la vida dentro sistema solar.

Verdaderamente aquellos cuya visión es elevada hacia un campo unificado de visión perfecta podrán incrementar la luz de sus auras en saltos y límites geométricos. Aprendiendo la ciencia de la visión del ojo único, la humanidad toca suavemente una corriente mental más sutil, un foco más claro de visión que activa facultades cósmicas dentro de sus centros superiores, su sistema nervioso Crístico. Estos son los chakras cristalinos de su Naturaleza Búdica, resonando en una frecuencia muy alta de resonancia solar. Los siddhis de los adeptos verdaderos son experimentados a través de este plano de Seidad, reservados para estudiantes avanzados de la Luz Única.

La unión divina de Helios y Vesta es un acto continuo de co-creación en amor perfecto que trae su divino fulgor al ser, para que todos puedan recibirlo. La unión de hombre y mujer en la Tierra está hecha para reflejar este ideal divino, donde los fuegos de la creación son experimentados en una unión sagrada de auras. Al punto de la convergencia de la semilla Alfa-Omega de ideación de propósito santo en el ovoide divino de sagrada pureza, Dios, tal como el universo, experimenta una expansión. La luz de amor divino es recreada y explosiona una vez más sobre el océano cósmico.

Para entender este nivel de co-creación podéis observar que incluso en vuestra química y física actuales se muestra que el Sol es realmente dos seres solares, átomos de hidrogeno individuales, unidos en una fusión cósmica en un solo ser, un átomo de helio recién creado, multiplicado billones y billones de veces. A través de esta unión perfecta nacieron los planetas y se expresaron exteriormente en el gran campo áurico del sistema solar. Cada planeta está destinado a evolucionar en su propia solaridad divina a medida que sus evoluciones logran la iluminación al desarrollar sus auras a través de las ciencias de la vida solar.

El aura de Helios y Vesta recibe los impulsos de todas las corrientes de vida evolucionando en los planetas de su sistema y responden a estos con destellos de amor-sabiduría que contienen sutiles elementos iluminantes de su propio ser. Cuando son ingeridas por el discípulo espiritual a través de la respiración pránica, contemplación solar y la asimilación consciente de alimento y agua que es cargada con luz solar, estas substancias hablan y actúan directamente y pueden corregir condiciones de enfermedad o problemas que puedan estar afectando el templo del ser–cuerpo, alma y mente. Emanando inteligencia divina, los grandes cuerpos de sentimientos de nuestros Padres Divinos son sensibles a cada emanación áurica que emitimos, que contiene nuestra conciencia presente de seidad.

El aura solar es un gran receptor y emanador de luz en todas sus gradaciones, desde infrarrojo hasta ultravioleta y de colores, frecuencias y esencias más allá de nuestros sentidos humanos. A medida que nos purificamos, fortalecemos y expandimos nuestras auras a nuevos niveles de conciencia solar, podemos incrementar nuestra sensibilidad a estas vibraciones más sutiles y concebir los efectos de su actividad espiritual en nosotros. Cada ser solar que ha alcanzado un nivel de Presencia que le permite a su aura brillar como un Sol, ha evolucionado a través del camino iniciático para dominar las ciencias superiores, por lo cual, lo que emana a través del aura es solamente reflejo de la Esencia Pura de Dios.

Corresponde a la humanidad el hacerse humilde ante sus grandes Padres Divinos y aprender con la mayor atención y devoción las ciencias solares de la vida. Solo cuando el hombre aprende a mantener un nivel Crístico y Búdico de Presencia y dominar el flujo de energías a través de su aura, podrán nuevas posibilidades para una mayor expansión ponerse en juego en su experiencia vital. La Visión Inmaculada es la llave para abrir el cerrojo al vivir divino, y seguir el trazado de Helios y Vesta es el camino más seguro para expandir su trabajo co-creativo con otros seres solares avanzados.

Los Grandes Observadores Silenciosos pueden ser llamados para acentuar vuestro trabajo en este campo. Ellos han tenido el tutelaje de los Elohim y trabajan muy cercanamente con cada pareja de gemelos solares que habitan el centro-solar de cada sistema solar. Su mirada divina ha mantenido el curso evolutivo de los hijos e hijas de

Dios en todos los mundos con aplomo cósmico, ya que han prestado un servicio virtualmente secreto, pero muy magnánimo para todos, al mantener la perfección de cada uno en su expandida visión.

Queridos corazones, realmente lo sorprendente del universo se presenta ante vosotros para vuestro descubrimiento, cuando primero conozcáis vuestro Ser como Dios y comencéis a trabajar más cercanamente con vuestros patrocinadores y guías espirituales. Ellos os asistirán a manteneros puros e incólumes en vuestras auras para que podáis ser reflejos plenos del Aura de Unidad Eterna de Dios.

¡A través de atención enfocada en vuestra Presencia, uno con la Presencia Solar de Helios y Vesta, podrán Sus auras re-energizar las vuestras y entregaros en este día y era, a una nueva vida de gozo cósmico y bienestar!

Siempre emanando el primer rayo
de resplandor solar a todos, Yo Soy

Morya

6

MANCHAS SOLARES, LLAMARADAS SOLARES Y EMISIONES CÓSMICAS

No son los físicos si no los maestros autorrealizados quienes comprenden la verdadera naturaleza de la materia.
- Sri Yukteswar to Paramahansa Yogananda,
Autobiografía de un Yogi

Maestros Cuyas Auras Se Están Expandiendo en Gozo Solar,
     Hoy deseo compartir con vosotros un entendimiento de la naturaleza cambiante del aura del sol, ya que se relaciona a nuestros estudios y a vuestra maestría interior en la expansión de vuestra esencia lumínica. Así como vosotros ahondáis en la ciencia del sol y observáis su comportamiento, los matices de sus radiaciones y los efectos de sus corrientes del corazón sobre toda la vida dentro de la gran aura del sistema solar, descubriréis muchos sutiles principios espirituales que os pueden ayudar en la expansión de vuestra aura a niveles cósmicos del ser bajo la guía directa de vuestros patrocinadores solares.
     Las manchas solares que son por momentos observables en la superficie del sol, son indicativas del tremendo poder que manejan nuestros Padres Solares. La aparición y desaparición, el flujo y reflujo de estas masivas tormentas electromagnéticas están siendo estudiados por vuestros astrónomos hoy día. Aun así, el porqué, como, donde y

cuando de su aparición y que es lo que auguran, es aun largamente un misterio. Suficiente es decir que estos campos concentrados de energía son reflejo de ciertas anomalías en el aura solar, las cuales a su vez, son reflejos de lo que el sol intenta dar a conocer a sus niños en toda su gran familia solar.

Así como el sol es el iniciador de la vida en sus dominios, es responsable por todo lo que acontece en su campo creado de actividad. El sol siente con gran intensidad las emisiones de cada forma de vida consciente. Desde un punto de vista espiritual, las manchas solares son indicadores de nuevas formas de pensamiento solares que están en estado de gestación y desarrollo antes de ser enviadas como emanaciones perfeccionadas a través del mar cósmico. Lo que puede ser observado como la reunión de energías intensas en estos campos circulares, es la concentración de ideaciones conceptuales de muy alto nivel de Helios y Vesta que están ocurriendo en el campo de flujo de su mente cósmica. En el gran silencio de su Seidad Superior, estas manchas son observables como portales a la mente infinita de Alfa y Omega. A través de estos portales las corrientes mentales superiores del Dios del Universo, fluyen a sus hijos soles, su descendencia sagrada, las estrellas.

Los efectos sentidos en la Tierra de estas ideaciones cósmicas pueden manifestarse como tormentas electromagnéticas que pueden crear disturbios interruptivos en su campo áurico, afectando todas las auras de toda la vida. Estos inducen cambios en estados súper conscientes de seidad, implantando concepciones semillas de amor, sabiduría y poder divinos a los niveles Búdicos y Átmicos de la vida, en los cuerpos superiores del Hombre. A medida que estos ciclan a través de los planos de la Mater, también pueden ser sentidos como una presión evocativa y catártica sobre los cuerpos mental y emocional del Hombre, causando a menudo una desconexión momentánea de los niveles actuales de letargo espiritual.

En Mercurio, Venus y Saturno,[1] adeptos han diseñado instrumentos sensibles que pueden medir los efectos de estos campos remolineantes cósmicos en sus cuerpos sutiles superiores. Todos estos estudios indican como un todo, la naturaleza divina de estas manchas y su importancia en el ajuste de las fuerzas cósmicas y ciclos solares, en las vidas de los hijos del sol en todas partes. Cuando los científicos en la Tierra comiencen a realmente entender el ser espiritual del Sol, ellos probablemente descubrirán el propósito real de estas manchas y como los seres conscientes se pueden beneficiar por la meditación acerca de su actividad cíclica y como ésta afecta su Ser Real y la evolución de El Hombre.

Las Llamaradas solares también indican un nivel de actividad cósmica en el sol que, cuando son enviadas como corrientes de luz de gran intensidad, causan grandes cambios dentro de los planetas. Estas llamaradas afectan el interior del planeta más que el exterior. Las evoluciones viviendo dentro de la Tierra están más sutilmente conscientes de cuando estas llamaradas se manifiestan, ya que un propósito es el incrementar el nivel de lo que llamaré presión solar, en el sol central de presión equilibrada dentro de la tierra. El incremento en esta presión lumínica es un suave, pero perceptible estímulo para el planeta y sus evoluciones para incrementar la frecuencia de luz en sus seres. Por momentos en la superficie de la Tierra cambios aparentemente cataclísmicos pueden ocurrir, pero estos siempre son indicativos de un ajuste que la Tierra requiere en su sendero espiritual alrededor del sol.

El sol está continuamente recibiendo impulsos cósmicos desde el Gran Sol Central como emisiones desde el corazón de Dios. Estas son reducidas y luego transmitidas a los planetas y a sus evoluciones en frecuencias que pueden recibir y asimilar. Para comprender completamente la intensidad de estas emisiones y que es lo que traen dentro las formas de pensamiento eternas de Dios, sentimientos divinos, emanaciones sagradas, debéis expandir vuestra conciencia para percibir la vida como los dioses perciben la vida. Desarrollar mayor fe, entendimiento y amor Elohímico es imperativo para el adepto de esta era. Escuchando y meditando sobre los Elohim mientras rezáis a ellos y cantáis sus canciones[2] os concederá un atisbo dentro de su Realidad Superior.

En la frecuencia de Santidad dentro del gozo solar,
Yo Soy verdadera y ciertamente vuestro,

Morya

7

CONCIENCIA
La Realidad de la Seidad

Mientras penséis "Dios está ahí" no encontraréis la paz.
Cuando conozcáis y podáis sentir que el está aquí, aquí
(en vuestro corazón), encontraréis la paz.
- Swami Prabhavananda, *El Eterno Compañero:*
Brahmananda, Su Vida y Ensenanzas

Amigos del Eterno Ahora,

Todo es Conciencia, Dios es Conciencia Pura. Vosotros sois, en el núcleo de vuestro ser, conciencia. Desde la conciencia, que en sí misma es un campo energético, percepción y percatación de la vida son experienciados por todos los seres sensibles. Sin conciencia, la vida es vacía y no puede conocerse a sí misma. Sin conciencia no hay punto de referencia por el cual toda expresión, toda creatividad pueda ser experimentada.

Toda conciencia irradia un aura, un campo energético. Cada espíritu que tiene vida tiene un aura. Cada partícula viviente y substancia que tiene una vibración o movimiento tiene un aura. El aura es el indicador de la vida, ya que donde la vida cesa de animar la seidad, el aura se desvanece y se oscurece hasta la nada. Aunque el espíritu continúa su existencia y emana un aura en otros planos dimensionales del ser, cuando el cuerpo físico deja de albergar la vida deja de retener un aura.

Para expandir el aura debéis expandir vuestra conciencia. Para refinar el aura debéis refinar vuestra conciencia. Para embellecer el aura debéis embellecer vuestra conciencia. Lo que hacéis con vuestra conciencia, lo hacéis con vuestra aura. Desde esta comprensión los invisibles elementos de la conciencia, de la seidad, son siempre vistos en el aura. No podéis servir a dos maestros –luz y oscuridad–al mismo tiempo, ya que la conciencia está irradiando a uno u otro a través del campo áurico en un momento dado.

Donde ponéis vuestra atención, vuestra conciencia, allí un aspecto de vuestra energía, vuestra aura va. Tener pensamientos divinos, expansivos y experimentar sentimientos magnánimos y de amor, naturalmente dilata y hace más brillante el aura. El dejarse llevar por la auto lastima y guardar mala voluntad hacia otros, contrae y oscurece el aura. Para desarrollar conciencia cósmica debéis meditar sobre un campo energético expansivo de vida, que permite al campo áurico moverse más allá de las limitaciones del templo personal del cuerpo. Debéis enfocaros en la imagen superior, vivir fuera de la caja humana y daros cuenta de la unidad con toda la vida.

El vivir Búdico es vida expansiva. El verdadero chamán, hombre santo o adepto ha roto las barreras de la carnalidad y vive para el todo, para los principios de la seidad colectiva que son expresión del amor y gozo universal y multidimensional. Para experienciar la conciencia cósmica debéis realmente conocer a Dios en su esencia original masculino–femenina de Seidad Pura en el Eterno Ahora.

Toda conciencia tiene una frecuencia vibracional, imagen, tono, fragancia y sentimiento que son específicas a su esencia de vida. Así como la conciencia cambia, se expande y se hace más refinada, estas expresiones dentro del campo áurico reflejan estos cambios. Lo que habéis sido, podéis cambiarlo por elección de libre albedrío. Que la oscuridad haya existido dentro de la conciencia, lo cual ha sido mostrado claramente dentro del aura, puede ser transmutado en luz. Para el adepto, el fuego refinador siempre está flameando dentro de él. La conciencia nunca es estática. Siempre estáis en el proceso de volveros más como Dios y de Dios.

Las gradaciones sutiles de vuestros motivos internos, pensamientos guardados y emociones silenciosas pueden ser todas leídas en el aura, incluso sin que emitáis una palabra. No podéis engañar al verdadero vidente que lee vuestra vida la cual existe como un libro abierto justo frente a él. Aun así los avanzados pueden elegir visualizar pureza, totalidad y la luz de vuestro Ser Superior manifestándose a través de vuestra aura, incluso aunque estén conscientes de los indicadores temporales de vuestro presente estado de conciencia.

Buscar leer e interpretar las auras de otros sin un motivo puro es una opción imprudente para el aspirante a adepto. Buscad primero el reino, la conciencia de Dios dentro del Ser y en la Seidad Divina de los otros. Entonces vuestros estudios serán honorables, basados en el motivo de servir para liberar la vida y no sobrecargar a otro con un mayor peso, basado en lo que habéis visto en su aura.

Aquellos que mantienen una pureza de conciencia, pueden ver a Dios y pueden también ver el ideal Divino de cada individuo ante ellos, como el aura superior de la Presencia Solar de aquel. Así la meta de todos los que quisieran ver e interpretar el aura, debiera ser, primero afianzar sus conciencias sobre el Ser Divino de todos y sostener firme aquello que han visto para asistir completamente al alma en perfeccionar el campo áurico a través de esta visión inmaculada. Simultáneamente cualquiera que desee estudiar en profundidad los matices del campo áurico, debiera también hacer un mayor esfuerzo en la continua purificación de su propia aura, de tal manera, que su trabajo pueda estar lleno con la verdadera luz del legado del Logos viviente.

La conciencia es la llave a vuestra divinidad. Tal cual los lentes correctivos pueden ser requeridos para aquellos cuya visión es miope, así mismo un cambio y alteración de la conciencia para contemplar la belleza del Cosmos y de cada alma y espíritu evolucionando allí, os asistirá en la realización de la Conciencia de Dios. Si vuestro motivo es tan humilde como el de Alfa –servir a toda vida con todo vuestro Ser, con pureza, integridad y amor– entonces podréis ser confiados con las responsabilidades que vienen con la Conciencia Cósmica. Intentar expandir el aura prematuramente resultaría en la grosería de la imperfección humana esparcida a través de las galaxias. ¡Dios prohíbe esto, mis santos estudiantes, Oh Señor!

Mi conciencia es azul verdadero
Centrada en El Divino Uno siempre, Yo Soy

Morya

8

IDEACIÓN, CONCEPTUALIZACIÓN E IMAGINACIÓN

Nada que podamos imaginar está mas allá de nuestro poder,
solo mas allá de nuestro presente autoconocimiento.
- Theodore Rozak

Benditos Estudiantes de las Ciencias Divinas de la Vida,

Ideación es creación en su impulso inicial. La Mente-Pensamiento cósmico de la Divinidad, inicia un campo áurico a través del cual la ideación se manifiesta primero como un concepto. Esta energía, sostenida dentro de la hermosa mente del Creador, es entonces revestida con la milagrosa luz de la imaginación la cual permite que su diseño divino sea expresado y exista en la forma en las dimensiones sin forma de Presencia.

Todas las ideaciones de Dios contienen el ideal divino de Seidad que sostiene su integridad y su habilidad innata de realizarse –para entrar en cualquier reino de la realidad, en el cual el Creador decida enviarlas o localizarlas–. Hasta que sean actualizadas en una específica continuidad de vida, estas ideaciones se mantienen como formas de pensamientos cósmicas en la mente del Creador. Una vez energizadas y enviadas con un propósito específico y lugar de manifestación, su fulgor y campo áurico ya no son más sostenidos inviolados en la matriz cósmica. Impelidas como semillas de luz sobre el gran mar cósmico, son amorosamente dadas a luz en el mayor dominio de la creación.

La ideación es entonces la primera creación. El nacimiento fuera del vació cósmico es la segunda o pro-creación. Florecimiento completo o fructificación al punto de ser capaz de reproducir la semilla es re-creación. En cada uno de estos aspectos de los procesos creativos, la voluntad, sabiduría y amor del Creador están en juego y son cumplidas. Aún más, la ideación original contiene las semillas–impulsos de todos los procesos de crecimiento y evolución sellados dentro de sí.

Cuando hombres y mujeres entiendan las dinámicas de los impulsos creativos incorporados dentro de sus seres para el proceso de co-creación como un proceso sagrado, el cual es reflejo de lo que el Creador experimenta, ellos entenderán que la vida realmente comienza en el punto de ideación, el cual existe antes de la concepción física. Esta realización generará una mayor habilidad de los hombres y mujeres de procrear con intención armoniosa y amorosa que traerá almas de mayor luminosidad y de mayores logros internos a sus vidas y dominios.

¡Inmaculadas son vuestras ideaciones, Oh Dios! ¡Grandes y gloriosos son tus trabajos a través de la creación! ¡Puras y santas son tus concepciones de la vida en todas sus variadas manifestaciones a través del océano cósmico! ¡Justa y verdadera es la magia de Tu Ojo, tu divina imaginación de todo lo que vive y se mueve a través de la red cósmica![1]

Los hijos e hijas de Dios ascendidos no pueden imaginar una cosa banal,[2] ya que han evolucionado más allá de las formas de pensamiento banales y deseos humanos de aquellos cautivos en los ciclos samsáricos de renacimiento que aún no han logrado completamente su unidad con lo Divino. Al haceros como un niño pequeño,[3] mientras empleáis la imaginación sagrada sobre todos como prístinos y hermosos, los hijos e hijas del Hombre, podrán obtener su inmortalidad en la luz, como Seres Divinos completamente realizados.

Cada imagen conceptualizada en la mente está compuesta de energía de pensamiento. Estas imágenes son seres vivientes, aunque aún Inmanifiestos en el tiempo y el espacio. Una clave para precipitar estas imágenes a su forma manifiesta es revestirlas intencionalmente y magnánimamente con la energía del sentimiento y luego victoriosa y gozosamente, con las sensaciones de energías físicas del tacto, gusto, oído, vista y olfato. Estos sentidos físicos permiten a las inmaculadas e imaginativas creaciones sostenidas en un campo áurico de amor-sabiduría, ser dadas a luz en la forma, anclándolas a través del poder de la atención consciente.

Las ideaciones fluyen desde la Mente Superconciente a la mente consciente del hombre y mujer a través de una transferencia o procesamiento de luz electrónica cuando el aura está libre de aberraciones de memoria, mentales, emocionales y físicas que compriman o bloquean su libre transmisión. Meditación silenciosa con foco en los rayos solares de pensamientos divinos permite que estas ideaciones sean recibidas con gran fluidez y claridad. Prácticas devocionales que expanden los fuegos de amor del corazón naturalmente ponen óleo a las emanaciones sagradas desde Lo Divino, de forma que su lugar de descanso para reflexión y asimilación profunda será en la cámara secreta del corazón en vez de en la mente inferior.

Os muestro ahora en vuestro tercer ojo un yogi meditando en el Lejano Oriente quien se une al Señor Himalaya en la sagrada ciencia de la mente plena accediendo con permiso de él, a la corriente de su meditación cósmica sobre el perfeccionamiento de todas las corrientes de vidas de la Cuarta Raza Raíz. ¡Observad la transferencia de estas ondas de luz superiores de paz cósmica que nutren el campo áurico del yogi y son luego enviadas como corrientes radiantes de compasión para elevar la vida sintiente en la Tierra!

Vosotros podéis también comulgar con los santos celestiales y acceder a las vastas bodegas de amor, sabiduría y poder cósmicos que continuamente re–energizarán vuestra aura y os llevarán a un estado amoroso de bienaventuranza divina y perfecta paz en seidad.

¡Ideándolos como hombres y mujeres divinos
completamente realizados con auras luminiscentes
de luz solar viviente! Yo Soy

Morya

INTELIGENCIA EMBRIÓNICA
Y GENIO SOLAR

"Querido Sol, ¿Por qué tu alumbras tan brillantemente?"
"Porque yo estoy ardiendo con amor" el replico, "y el amor produce luz"
- Omraam Mikhaël Aïvanhov, *Vida y Obra en una Escuela Iniciatica:*
Entrenamiento para lo Divino

Valiosos Hijos e Hijas de la Palabra Viva,

Dios ha puesto dentro de la semilla de cada ser viviente o forma de vida un complemento pleno de Su Sabiduría Divina que cuando destella o es plantada en tierra fértil de la percepción consciente, crece en inteligencia embrionaria. La energía de luz vibrando en este ser por nacer, se mantiene en un espacio de quietud áurica que es reflejo del Gran Silencio que rodea el Centro Cósmico. Desde este santuario sagrado, una verdadera matriz de creación, la vida es puesta en movimiento.

La inteligencia embrionaria indica un diseño prototípico o arquetipo de vida que es sostenido dentro de La Mente del Uno y desde la cual todo emerge para cumplir con su razón innata de ser. Sin la existencia de estas esencias internas inmanifiestas de diseño divino que están selladas dentro de la semilla, ninguna función ni forma de vida podría emerger.

La formación y expresión última de cada ser creado procede desde un diseño etérico hacia la realidad física, a través de un ciclo de crecimiento milagroso que comprueba que ese diseño inteligente está en juego y activo a través del mundo. El Creador ha miniaturizado su propio campo áurico de luz como una matriz perfecta que descansa en quietud, como también fluye a través de esta inteligencia embrionaria. Un impulso innato hacia la expresión de sí misma dirige la semilla a encontrar su camino a la tierra fértil donde puede emerger a la forma y crecimiento.

La vida elemental conoce la fórmula sagrada para la expresión de cada semilla y trabaja ardientemente para crear el momento oportuno para su propia expresión en sus primeras etapas, tanto como a lo largo de su ciclo de vida completo. Trabajando cercanamente con la naturaleza y sus sutiles leyes conocidas a través de mayor conciencia solar, permite la manifestación del pleno florecimiento de la gloriosa esencia de cada ser. Comulgar con los seres dévicos que han dominado las ciencias sutiles de la vida mejorará vuestra intuición y sensibilidad a "todas las cosas brillantes y bellas, todas las criaturas grandes y pequeñas."[1]

Cada niño –sean galaxias, sistemas solares, planetas, ángeles, seres humanos, animales, plantas o vida microscópica– contiene el genio solar dentro de sus células. Esta inteligencia divina es naturalmente expresada cuando el niño es provisto de una amplia y clara oportunidad para aprender y desarrollarse desde su ideación y concepción. La crianza verdadera requiere conocimiento y acomodación de los ciclos naturales de la vida del nuevo recién nacido, el infante, el niño, el adolescente y de cuantos recursos educacionales deban ser provistos en cada etapa para ofrecer al niño la mejor experiencia evolutiva. Un entendimiento astuto del principio de la zona de aprendizaje proximal también es esencial para el aprendizaje y crecimiento espiritual a lo largo de la vida.

Cuando una niña recibe una estimulación solar apropiada al serle permitido experimentar la vida, trabajo y juego en la naturaleza por varias horas cada día, su genio interno emerge y ella es puesta en vía de una verdadera realización interna. Beber los rayos benéficos de inteligencia solar directamente desde el sol activa las funciones Átmicas Superiores de Divina Seidad en las glándulas pituitaria y pineal que corresponden los chakras de la coronilla y el tercer ojo, donde el diseño original de la vida perfeccionada se mantiene inviolado en el Hombre.

Vosotros que habéis buscado el elixir de la vida. Mirad al sol por todas las quintaesencias espirituales, las corrientes sutiles del verdadero alimento ambrosiaco, que os nutrirá, tanto vuestros cuerpos superiores como vuestros centros sensoriales inferiores. Vuestro genio solar continuo podrá recibir toda clase de descubrimientos y revelaciones espirituales cuando os fundáis y realicéis vuestra verdadera Naturaleza Búdica. Meditad bajo vuestro propio enjoyado Árbol Bodhide energía cristalina, dentro de vuestro propio Tubo de Luz de cristal-diamantino. ¡Vuestro campo áurico de puro y radiante gozo se expandirá y vuestro genio solar interior brillará!

Amorosamente Vuestro,

Morya

10

EL CAMPO DE FLUJO SAGRADO
Creando un Aura de Luz

La felicidad y el éxito dependen del crucial factor de flujo.
- Patricia Spadaro, *Honrad Vuestro Ser*

Amigos del Corazón cuya lealtad al Uno Divino es fuerte como Diamante,

Vuestra aura humana es una vestidura electrónica de luz que rodea vuestra identidad central, como alma evolucionando en el tiempo y el espacio. Es un reflejo del aura divina superior que rodea el núcleo de vuestra identidad más allá del tiempo y espacio, como un ser solar en los reinos perfectos de pura Seidad en Dios. En este dominio superior vuestra aura es un campo de flujo sagrado de luz brillante y blanca. Esto también puede ser donde vosotros moráis ahora, por vuestra elección consciente.

A mi parecer la palabra *campo de flujo* es una descripción más acertada de lo que es observable como el siempre cambiante cuerpo oval de energía que es vuestra aura. Ya que, aunque en un punto específico en el tiempo, el aura puede ser fotografiada y estudiada, desde la perspectiva del tiempo que transcurre la naturaleza fluyente del aura es vista cuando os adentráis en actividades como pensamientos, sentimientos y memorias moviéndose a través de vuestra conciencia. Todos los maestros divinos toman en cuenta esta dinámica cuando trabajan con sus estudiantes para así discernir la mejor forma de asistirlos en dominar el arte de vivir y la ciencia del ser mientras perfeccionan su aura humana.

Cuando amorosamente os comprometéis en las verdaderas artes y ciencias iniciáticas que permiten a la luz divina participar libremente en y a través de vuestras vidas, el aura es bendecida con santidad y se convierte en un campo de flujo sagrado. Durante este tiempo el aura del aspirante espiritual puede ser vista como un óvalo de fulgor lumínico que esta suavemente bañando toda la circunferencia mayor de vuestro entorno inmediato. Cuando os comprometéis en el servicio al mundo a través de un esfuerzo colectivo con otros amigos del corazón, un campo de flujo grupal se establece, el cual es mucho más poderoso en sus efectos potenciales para el Bienestar Divino para toda la vida.

Cada vez que vosotros hacéis una conexión con otro individuo, hay una mezcla energética de vuestros patrones áuricos. En el caso de la mayor parte de las personas que son ignorantes de los efectos de sus pensamientos y sentimientos en la vida, hay un opacamiento de la coloración de sus auras cuando estas interacciones ocurren solo desde el nivel humano. Aun así, cuando individuos que son conscientes de su fuente, interactúan y se comunican mientras se encuentran comprometidos en labor sagrada, un distinguible y observable incremento en el brillo y expansión de cada una de sus auras puede ser visto.

Para mantener un aura refulgente y de los colores del arco-iris debéis primero entrar al espacio del ser donde toda la vida es sentida y abrazada como sagrada. Cada momento puede ser experienciado como una oportunidad de Autodescubrimiento y Autorrealización en la gran gloria del campo de flujo divino de Dios, el mundo natural. Como la visión del ojo único de la unidad de toda vida, es dominada y todas las deudas kármicas transmutadas a través del empleo gozoso de los siete rayos viviendo armónicamente, el campo de flujo de vuestra aura es purificado, expandido y glorificado en la corriente cristalina del Ser de Dios.

A través de vuestra aplicación consciente del uso de las tecnologías espirituales que abundan en las ciencias de la palabra hablada, al dar mantras, cantos, oraciones y decretos y por un incremento en la resonancia melódica, que puede ser experienciada durante el canto de canciones devocionales, vuestra aura puede llegar a cargarse y recargarse con fuego solar y luz. Muchos de vosotros habéis sentido el profundo impacto en vuestros seres, que también se ha manifestado como un refinamiento de vuestro campo áurico mientras habéis estado realizando estas prácticas. Estas han sido también causantes de un incremento gradual en vuestra habilidad de sentir, retener y expandir el resplandor de vuestro campo de flujo sagrado, que a su vez ha incrementado la circunferencia y volumen de vuestro cuerpo causal.

El campo de flujo sagrado de los halos de los santos y sabios interpenetra múltiples dimensiones del ser. Todas las emanaciones áuricas impactan directamente el campo akáshico –el sutil mundo del éter– ya que dejan sus impresiones, sus grabaciones en el más preciso detalle. Vuestro libro de la vida está siendo escrito continuamente por vuestra alma, a medida que sus representaciones de conciencia son manifestadas por elección de vuestro libre albedrío momento a momento. A través de vuestros propios pensamientos, sentimientos, palabras y acciones seréis auto-juzgados dentro del marco del plan de lecciones diagramado por vuestra alma antes de vuestra encarnación, y consultado con los Maestros de Jurisprudencia Divina[1] que amorosamente os guían en vuestro viaje evolutivo.

Para dominar el campo de flujo sagrado de vuestra aura, comenzad siempre enfocándoos en la luz de Dios en vuestros corazones y respirad las frecuencias divinas de vuestra Presencia de Dios que está siempre fluyendo a través de vuestro cordón de cristal. Incluso unos pocos minutos al día de meditación silenciosa, visualización y comunión con vuestra Fuente Solar dará grandes tesoros como la espiritualización de vuestra conciencia y la purificación de vuestra aura. Moviéndoos desde esta práctica básica a los yogas superiores intencionales, ¡la unión completa con Dios manifestará vuestro resultado deseado!

¡Yo Soy vuestro por la Victoria de vuestra alma moldeada en una nueva imagen de vosotros como la Totalidad de Dios!

Morya

11

CAMPOS ELECTROMAGNÉTICOS DE FE
Cargando Vuestra Aura

Podemos deliberadamente trabajar con las ondas de probabilidad
para transformar nuestras vidas.
- David Spangler, *Milagros Diarios: El Arte Interna de Manifestación*

Agraciados defensores de Fe, Esperanza y Caridad,
Muchos de vosotros habéis observado en vuestras vidas los efectos positivos de establecer un campo de creencias o lo que prefiero llamar un campo electromagnético de fe alrededor de vuestro ser. Esta matriz de fuego azul puede ser un poderoso recurso en la conducción de frecuencias sagradas de luz en vuestra aura y las auras y vidas de otros al manifestar toda clase de trabajos divinos del Espíritu. A menudo, a menos que haya un nivel específico de resonancia armónica firmemente establecido alrededor de vosotros, a través de la invocación consciente de luz, ciertos trabajos espirituales superiores simplemente no pueden ocurrir.

Los grandes maestros han entendido los cómos y cuándos de la creación de estos campos energéticos de Fe y de su importancia en todos sus esfuerzos, tanto en lo privado como en lo público. Escrituras antiguas citan lo que ha sido llamado la construcción de un altar, esto es una representación metafórica de la creación de una red específica de luz. A través de poderosas oraciones, cánticos y canciones los adeptos espirituales fueron capaces de establecer plataformas sobre las cuales los trabajos alquímicos fueron logrados, que parecerían milagrosos para la mayor parte de los seres humanos.

Tomad por ejemplo la historia de Elías y su reto a los falsos sacerdotes de Baal.[1] La simbología de la tierra (roca), agua y aire (madera) es mencionada en la historia a medida que el maestro prueba, que el único verdadero Dios ha oído su oración y ha respondido con fuego. Elías creó un campo electro-magnético de fe con su conexión con su Fuente y a través de su uso correcto de las leyes metafísicas y ciencias divinas. Él fue capaz de co-crear el fuego alquímico que consumió la irrealidad de los de mente carnal.

El Señor Jesús a menudo curaba con las palabras, "Vuestra Fe os ha hecho íntegros."[2] Él sabía que solo cuando los individuos, primero han aceptado la posibilidad y luego la realidad que Dios, a través de Jesús, les podría traer plenitud perfecta, podía la sanación ocurrir. Él restableció la conexión sagrada entre alma y Espíritu de cada devoto, al proveer el recurso de Luz de su propio Ser como el Cristo encarnado.

Aquellos que creen en su propia integridad e inminente sanación aceleran el proceso. Aquellos que aceptan que el Espíritu se puede mover a través de los planos de la Mater, cargando y recargándolos con sus esencias lumínicas, son más aptos para experimentar lo milagroso. Asimismo, aquellos que niegan la existencia de Dios o los trabajos del Espíritu, no pueden crear o sostener el campo áurico requerido, a través del cual el reino de los cielos puede derramar sus bendiciones y gracias.

Aunque los campos electromagnéticos de Fe no pueden ser percibidos con el ojo desnudo a través de la visión dual, aun así existen. Los grandes sanadores han sido capaces de sentir el poder de los movimientos del Espíritu Santo a través de cualquier medio, cuando la realidad de la Fe en un poder superior ha provisto el punto de acceso para que su energía emerja. A través de un proceso sagrado de sublimación que ocurre a través de la rendición a la voluntad, sabiduría y amor divinos un Vacío Sagrado es creado, que es una súper concentración del Espíritu en la materia. Mientras el mantra "yo, la nada, Vos, el Todo" es declarado, la Omnipresente Omnipotencia de El Uno Omnisciente es activada en el espacio virgen de seidad alrededor del devoto, y todas las cosas se hacen posibles para Dios en aquel momento dentro de la vida de él o ella.

Cada evento o manifestación aparentemente milagrosa ha ocurrido ya que un portal entre lo divino y lo humano, entre el cielo y la tierra fue creado por alguien con fuertes creencias y fe en el Espíritu. Donde la fe ha sido demostrada y aun así sanación instantánea no ha sido manifestada, la sabiduría de la ley cósmica demandaba, lecciones adicionales requeridas de ser aprendidas o deudas kármicas que debían ser más plenamente pagadas. Incluso el Señor Jesús no pudo sanar en ciertas regiones a causa de la incredulidad de la gente allí asentada.

El Espíritu es electromagnético cuando contacta con los campos áuricos de vida sensible. Es la pulsación divina de Dios que existe en todas partes y que atrae todo lo divino dentro de la creación hacia sí misma a través de la ley de atracción. Cuando los hombres y mujeres de hoy entiendan que su esencia primaria es Espíritu y cuando manifiesten Maestría a través de utilizar sus ondas armoniosas de paz para restaurar todo a su estado de balance natural e integridad, ellos serán capaces de hacer todo tipo de hazañas alquímicas con gran facilidad y gozo ya que vivirán dentro del supremo campo de Fe de amor-sabiduría de lo Eterno.

Jesús dijo, "Si Yo fuere elevado de la tierra, atraeré hombres hacia mí."[3] Él entendía el electromagnetismo del Espíritu como estaba manifiesto a través de su Ser como Hijo divino de Dios y piedra angular. Él había utilizado La Piedra Filosofal de alquimia divina y verdad al transmitir la sabiduría de su Padre a aquellos que le iban a escuchar.

Los campos electromagnéticos de fe pueden ser incrementados con un factor cinético que es el cuadrado de la suma del número de aquellos que derraman juntos sus devociones, en cualquier Servicio intencional y alegre de Luz. Aunque una red para la transmisión de energías espirituales para bendecir a la humanidad, puede incrementar su poder en proporciones geométricas a través de mayor número de participantes, también es dependiente de las frecuencias específicas de cada miembro. Unos pocos adeptos o arhats pueden generar tanta energía lumínica espiritual como cientos, miles o incluso millones de aspirantes que aún no han alcanzado su Cristeidad o Budeidad. Así, los campos cósmicos de fe pueden ser establecidos de forma que puedan sostener la protección espiritual de planetas enteros, a través de Seres como Sanat Kumara o Gautama Buda, quienes han desarrollado sus campos áuricos por milenios para alimentar vastas evoluciones de oleadas de vida.

Que vuestras auras sean limpiadas por vuestra fe para mantener vuestro camino expedito a casa, al corazón de El Uno.

Amorosamente Vuestro, YO SOY

Morya

FUSIÓN CÓSMICA
Y FISIÓN CÓSMICA
La Danza Tai Chi de las Fuerzas Creativas

Belleza es contemplarse eternamente a sí mismo en un espejo.
Pero vosotros sois la eternidad y vosotros sois el espejo.
- Kahlil Gibran, *El Profeta*

Científicos del Espíritu,
    La puesta en juego de los eventos en el mundo de la forma siempre involucra el dinamismo de la interacción de las polaridades. Los ciclos de la vida consisten en continuos impulsos expansivos de la luz -Alfa junto con los retrocesos contractivos de la oscuridad- Omega. En este flujo y reflujo de las energías del Tai Chi, de tesis y antítesis una síntesis única nace, la cual es el retoño amor-sabiduría de su fluyente relación.
    Como seres solares plenamente realizados sois la fusión, como Unión Crística, de los elementos Átmicos superiores de vuestro Creador Padre-Madre. En vuestra Presencia Solar los atributos Divinos llameantes de la trascendente divinidad masculina de Alfa y la resplandeciente corporalidad femenina de Omega, existen en su más pura manifestación. El campo áurico estelar de luz sagrada en este dominio es más refulgente que la luz física del sol de vuestro sistema solar, el cual también es una fusión cósmica de la semilla-alfa de Helios y el óvulo-omega de Vesta.

Para comprometer al cielo en las ciencias superiores debéis entender vuestra naturaleza esencial como un ser integral, como divinidad viviente en la sublimidad del tiempo y el espacio. La perfecta totalidad de Vuestro Ser Real, se dividió en dos partes iguales, pero de polaridades opuestas después de vuestra ideación original en la Mente de Dios. El Hombre y la Mujer (en inglés: Womb-Man or Woman) emergieron para complementar y completar su Seidad en las esferas de la Mater (Madre). Aunque experimentéis las rondas cíclicas de existencia como dos mitades, una vez que cada uno de vosotros se haya fundido con vuestra Presencia Solar original, vuestra "Causa Primera", podréis ser uno nuevamente en una nueva santa unión de Seidad perfecta.

El campo áurico de cada alma de los rayos gemelos son imágenes especulares del otro. Aquellos cuya visión interior está abierta y limpia podrán identificar los aspectos complementarios de individualidad que cada alma expresa a causa de que los patrones son idénticos, aunque en distinta polaridad. Algunos de vosotros habéis tenido experiencias o sueños donde vuestro "otro yo", se os aparecía, a menudo siendo vosotros mismos pero revertidos. Ocasionalmente cuando habéis intercambiado observaciones acerca de vuestro camino de evolución, habéis notado como han sido caminos muy semejantes, aunque experimentados desde distintas series de formas femeninas y masculinas. Vuestra visión, vuestra perspectiva y vuestros paradigmas pueden ser totalmente opuestos desde un punto de vista, y aun así cuando son observados como un todo, llenan el círculo del Tai Chi completamente.

Para utilizar plenamente la luz de vuestra Presencia Solar colectiva debe haber una fusión superior de los aspectos glorificados de vuestro ser y vuestro rayo gemelo. Esto puede ser experimentado a través de la fusión de los recursos de vuestros corazones y mentes mediante la alquimia del amor verdadero –Amor de Dios en cada uno–. Cuando esta unión ocurre, una plenitud superior del corazón-mente o del amor-sabiduría cósmico como Seidad Búdica, es dada a luz en vuestra conciencia colectiva. Este ideal realizado causa una explosión cósmica de luz en la cual una nueva Estrella de Divinidad nace a partir de vuestra unión.

La solución al antiguo problema "¿Que vino primero, la gallina o el huevo?" puede ser discernido cuando entendáis que debe existir El Uno antes de que dos puedan emerger. ¡Eventualmente los dos se funden como uno en El Uno una vez más! ¡Dentro de la gallina el huevo ya existe en potencia!

En el principio del ciclo manvantárico de la gran exhalación, la fisión ocurre. En el final del ciclo manvantárico en la gran inhalación, la fusión ocurre. ¡Para algunos es difícil discernir alguna diferencia entre estos procesos sagrados excepto a través de un telescopio cósmico! Dentro del Ojo Que Todo Lo Ve de Unidad, la visión dual se funde en la visión perfecta singular.

Toda la banalidad de la experiencia humana de la vida fuera del círculo perfecto de unidad en Dios, un día dará paso a la experiencia superior de autenticidad divina a medida que os fundís, corazón y mente con El Uno y entráis en el centro de la experiencia Tai Chi de Paz.

Campeón de vuestra experiencia de libre albedrío
de entrar en la dicha perfecta de Dios. Yo Soy

Morya

13

MAGNETISMO Y MESMERISMO
Las Dinámicas de Atracción y Repulsión

Manifestar y meditar no pueden ser separados.
- Wayne Dyer, *Manifiesta tu Destino*

Radiantes Espíritus,

Pocos individuos consideran los efectos de las emanaciones de sus auras en los mundos macro cósmicos. Justo como hay estudios en este momento del movimiento e influencia de los cuerpos celestes en la psiquis del Hombre en discursos astrológicos, asimismo sugiero comenzar un estudio detallado de los efectos de los movimientos e influencias de las auras de la humanidad en el hogar planetario en el cual ellos están, como también sobre otras esferas y orbes solares.

Mucho se ha comentado en este día y era, acerca de los efectos perjudiciales de las actividades innobles de la humanidad en su entorno físico. Puedo aseguraros que aunque sus caminos inconscientes y erróneos han sido realmente desastrosos en muchos círculos, hay incluso un mayor peligro para este mundo manifiesto a través de su conciencia y las emisiones energéticas que fluyen desde su campo áurico.

Cómo he explicado, devotos espirituales pueden crear poderosos campos electromagnéticos de fe a través de sus esfuerzos de oración colectiva. Al atraer una ola espiritual de energía lumínica desde vuestra Fuente y consagrándola a la bondad Divina en vuestros dominios, ponéis un giro magnético positivo en vuestro campo áurico y la vida con la cual interactuáis. Al mantener un semblante humilde hacia el Creador y percatándoos que El Uno Divino es el principio activo en todo trabajo de sanación sagrada, resultados sorprendentes y beneficiosos os sucederán.

Franz Anton Mesmer se adentró en experimentos de sanación usando lo que él denominó magnetismo animal. Aunque sus esfuerzos no fueron entendidos completamente por sus pares y algunas de sus conclusiones fueron basadas en sus percepciones humanas limitadas, él intuyó correctamente que una fuente de energía universal que denominó "virtud magnética" puede ser "acumulada, concentrada y transportada" para sanación y otros propósitos. Asimismo, su aseveración "esta virtud es comunicada, propagada e incrementada por el sonido" es acertada. Muchos de sus otras "27 Proposiciones" están basadas en verdadera, ciencia esotérica, aunque expresada a través de la visión y vocabulario de la ciencia del siglo XVIII.[1]

El mayor "atractor" que puede ser empleado para cualquier trabajo espiritual y científico es la dínamo cósmica de vuestra Presencia Solar. Cuando es enfocada a través del prisma de vuestro Ser Crístico, todas las virtudes divinas pueden ser vuestras para utilizarlas y re-calificarlas con vuestro propio campo de energía individual de Seidad. Cuando os adentráis en esta ciencia alquímica al activar y actualizar las quintaesencias sagradas de luz solar mediante vuestro corazón, la victoria en todas las tareas será realmente vuestra.

Como sabéis ciertos metales y otras substancias pueden magnetizarse a través de directa y constante fricción o contacto con un magneto o campo magnético. Asimismo, cuando vosotros alineáis vuestro corazón y mente con el campo superior de Corazón-Mente de la estrella polar de Dios, podéis recibir las pulsaciones cósmicas de su magneto. Conectarse con Dios permite que el circuito de luz en forma de figura ocho, de vuestra relación sea completado. Es aquí cuando la corriente sagrada de vuestro Creador, con un voltaje brillante y amperaje dador de vida, podrá brillar a través de vuestro entero ser.
Un fuerte campo de flujo y un aura brillante naturalmente repelen los avances de los oscuros para apagar vuestra Cristeidad emergente,

vuestra incipiente Budeidad, vuestra naciente Maternidad. Aunque algunas corrientes de vida puedan ser atraídas a vosotros para alimentarse de vuestra luz, vuestra sensibilidad aumentada a sus patrones áuricos y motivos internos, os dará discernimiento de cuando salvaguardar vuestra luz áurica o retiraros para regenerar su fulgor a través de un tiempo de meditación silenciosa y devoción a vuestro Ser Divino.

La primera proposición de Mesmer dice "Una influencia reactiva existe entre los cuerpos celestes, la tierra, y los cuerpos animados". ¡El Hombre, a través de su libre albedrío, puede acentuar y expandir las cualidades dadoras de vida y emanadoras de luz de su Ser Superior mediante discurso consciente y dirigido con el sol y las estrellas! La astrología de mis santos hermanos, los reyes magos ascendidos, está afectando ahora nuestro rol de propagar las emanaciones y las influencias cósmicas que bendicen la vida en todas las esferas planetarias y mundos solares.

¡Dominad las cuasi magnéticas influencias en vuestra naturaleza inferior mientras abrazáis el super conductor de vuestro Ser Verdadero! ¡En esta tarea Yo seré El Uno en medio de vosotros!

Imaginativamente, YO SOY vuestro hermano mayor,

Morya

14

EL FILTRO SAGRADO
DE LA MENTE CRÍSTICA
Salvaguardando el Aura de Fuerzas Intrusas

Uno debe ejercitar su aura, de otra manera no puede crecer.
- El Morya, *Hojas del Jardín*

Fragantes Corazones Avivados con el Anhelo Eterno del Amor,

El dolor humano experimentado mientras se vive sobre la tierra a menudo estimula al alma a elevarse y abrazar dimensiones y oportunidades espirituales que la mueven más allá de las limitaciones de la existencia mortal. Cuando se ha puesto esfuerzo y los corazones buscan una salida de la red de irrealidad, las huestes ascendidas de luz, extienden sus manos para alentar y abrazar al caminante que quisiera ser libre.

Dios ha provisto a sus hijos e hijas con un punto de contacto e interacción entre su Espíritu Inmortal y sus almas evolucionando. La Consciencia Crística, la cual está compuesta totalmente de luz y la cual emana de un reino de Mente Pura, es un campo de energía colectiva del Logos Divino que media toda comunicación entre la humanidad y Dios. Como un filtro Cósmico, la mente Crística actúa impersonalmente en representación del Señor Dios para impedir que las emanaciones imperfectas de los patrones áuricos del hombre se eleven a su dominio eterno.

Asimismo, actúa personalmente en representación del Hombre, para impedir que los elementos ígneos de las emanaciones áuricas del Dios supremo puedan consumirlo dentro de su dominio terrestre.

La mente Crística, es por lo tanto un asiento de misericordia, un foco de perdón y gracia, como un intermediario entre las frecuencias solares más elevadas de pura Seidad y las emanaciones terrestres inferiores de inconsciencia y necedad. La mente Crística contempla por un lado la Perfección de la Santidad de la Voluntad, la Sabiduría y el Amor de Dios mientras recta y objetivamente observa las imperfecciones del uso profano que hace el Hombre del libre albedrío a través de sus pensamientos, sentimientos, palabra y obra.

El espíritu Crístico, no como el hombre Jesús, sino como la luz Logoica Universal que es representativa de todos los hijos e Hijas de Dios quienes se han reunido con Dios, se sienta sobre el Trono, el "tres en uno" de Amor, Sabiduría y Poder balanceados dentro de la Ciudad Santa. Él es un juez noble cuya perfecta determinación, discriminación y discernimiento, focalizan la luz del ideal de Hombre sostenido inviolado en el ojo todo vidente de Dios a través del prisma de su maravillosa Mente, tal que el Hombre pueda satisfacer su más alto llamado en la vida.

La Auto Actualización del Hombre y la definitiva Realización Divina pueden ser aceleradas a través de la sintonía con la Mente del Cristo, así Pablo incentivó a sus discípulos a que la Mente del Cristo viviera dentro de ellos.[1] Pablo sabía que el Espíritu Crístico puro los ayudaría a forjar una nueva identidad de Seidad, dentro de las vidas de aquellos quienes podían comprender el propósito del ministerio de Jesús. En la medida que ellos pudieran abrazar la Mente Superior de la Consciencia Crística, su propio camino interno podría abrirse a los misterios más profundos que los maestros de la verdad gustarían eventualmente revelarles en el tiempo.

Las grandes obras de las cuales Jesús habló,[2] sólo pueden ser logradas cuando vosotros podéis fundir vuestra mente con la Mente Universal del Cristo y cuando combináis los fuegos de vuestro corazón con la luz destellante del corazón del Cristo. El comandó a sus discípulos a amarse los unos a los otros como él los amó,[3] porque él sabía que esta era la clave para su victoria y para su aceptación del Espíritu Santo quien es el instrumento para todos los Milagros y Bendiciones.

La Mente Crística es Omnividente debido a que ve todo Inmaculadamente, es Omnisapiente debido a que cogniza todo intuitivamente, es Omnisciente porque siente todo compasivamente y es Omniabarcante porque emana a todo con el Amor Búdico puro e indiferente. Utiliza la forma más elevada de razón divina, la cual es la Lógica Logoica nacida de Dios debido a que este es el Verbo Viviente. Ningún razonamiento humano nacido de la parcialidad, superficialidad o banalidad pueden compararse con su conceptualización incisiva y profunda.

Cuando la mente Crística more plenamente en el interior, vuestra Aura brillará con la misma santa radiancia que Jesús glorificado experimentó durante su transfiguración en el monte, atestiguada por Pedro, Jaime y Juan.[4] La iniciación de la Transfiguración es precursora para la Divina Glorificación que viene con la Resurrección y la Ascensión, cuando el Aura del Hombre está plenamente infundida con el Aura de su Ser Divino, de su Presencia Solar.

Dondequiera que hayáis vivido y orado como un Baháí, Budista, Cristiano, Confuciano, Hindú, Jainista, Judío, Musulmán, Pagano, Sikh, Sintoísta, Taoísta o como Zoroastriano, la Mente Superior de la Consciencia Crística Universal, la cual está más allá de todo dogma y religión humana, ha morado dentro vuestro para que conozcáis, experimentéis y os convirtáis.

Yo Soy encendiendo aquella Mente dentro vuestro ahora,
para vuestro ascenso a los reinos del azul verdadero
de la Luz Solar.

Morya

15

EL CAMPO MÓRFICO
Y EL ÁRBOL DE LA VIDA
Los efectos de la Fuerza Cósmica y la Intuición

*El logro de un aura arcoíris es muy práctico, porque esta lleva
dentro de sí, los medios de asimilación de todo lo que existe.*
- El Morya, *Hojas del Jardín II*

Victoriosos Corazones,

Atender los fuegos del corazón al grado al que uno sienta
una pulsación constante de luz divina a través del propio campo de
flujo áurico es una clave para obtener maestría en la vida de uno y
en el singular espacio de amor que es personal y universal. Una vez
que vuestra aura humana está plenamente integrada con la realidad de
vuestro Ser Superior, una nueva consciencia mundial amanece dentro.

Cada ser sintiente puede incorporar el campo mórfico de
Seidad Divina en su realidad presente de consciencia. Una electrificada
red de energía de Luz Pura es entonces difundida a través de su Árbol
de la Vida personal, el cual está compuesto de todos sus cuerpos
interdimensionales, desde el cuerpo físico de más baja vibración hasta
la centellante Presencia Solar.

Así como los cabalistas estudian el Árbol de la Vida Sefirótico,
el cual geométrica y simbólicamente describe la estructura y naturaleza
del universo y las realidades Divinas que son infundidas a través
de él, "así como es arriba, es abajo", cada mónada individual o alma

superior tiene un Árbol individualizado de la Vida, que exhibe la plena naturaleza de su verdadero Ser. El Árbol de la Vida es una red sagrada de luz que alberga el campo mórfico y el cual contiene el aura humana.

El campo mórfico permite la conectividad universal entre todas las corrientes de vida en manifestación, debido a que es esencia del Espíritu que es infundida a través de toda la vida creada. Ésta incorpora la inteligencia del Uno Divino dentro de las pulsaciones que fluyen a través de El a intervalos alternantes regulares, basado en un reloj interno que está sincronizado con las emanaciones del Gran Sol Central. Estas frecuencias nutren el alma y al cuerpo templo proveyéndoles las esencias dadoras de Vida que es el mismo aliento de Dios concedido a todos.

Los campos electromagnéticos de las casas planetarias dentro de un sistema solar están todos conectados a través de un campo mórfico más grande que su propio Padre Sol. Asimismo vuestro propio campo mórfico está sintonizado al ADN Divino y a la presencia áurica de los manús de las razas raíces en la cual vosotros habéis nacido y quienes sostienen el diseño divino para todas las almas evolucionando dentro de su dominio arquetípico. Cada raza raíz tiene una huella espiritual dominante dentro de su piscina genética que contiene el ideal superior de perfección para las multitudes de almas que evolucionan dentro de los ciclos en que esa raza-raíz aparece sobre la tierra u otros hogares planetarios.

Una meta para los aspirantes espirituales es alinear sus seres con su propia Fuente Solar por medio de la utilización de las emanaciones de luz provenientes de los Chohanes de Rayo a través de la meditación sobre sus cuerpos de Luz. Los Chohanes por su parte están constantemente en un estado de resonancia con los Manús de las razas raíces y ajustan sus frecuencias solares hacia sus discípulos. Un mayor campo mórfico es así establecido entre todo lo que permite transmisión de frecuencias de Luz "hacia arriba y hacia abajo" y a lo largo de la entera cadena jerárquica del ser, de todos los seres creados.

El hombre ciego cuya visión fue restaurada por Jesús exclamó: "yo veo hombres como árboles caminando."[1] A pesar que pocos han interpretado correctamente esta escritura, vosotros podéis descubrir su pleno significado sólo con este conocimiento del campo mórfico y del Árbol de la Vida. Jesús mismo podía ver las auras de todos los seres vivientes y ser testigo de la totalidad de la verdadera Naturaleza Búdica de cada uno. Él transfirió su propia visión divina en aquel momento al hombre ciego, quién entonces también reconoció la naturaleza real del hombre y vio que también lucían como árboles con raíces, troncos y ramas, representativo de su consciencia completa en todos los reinos energéticos del ser.

Las esencias dadoras de vida que vuestro Árbol de Vida produce para vuestra inspiración y nutrición, son nacidas del espíritu y a través de aquel espíritu continua ofreciendo los frutos de sus ramas a toda la humanidad para que experimenten con su regalo del libre albedrío. Cada alma en evolución es constantemente presentada con oportunidades para experimentar el estado Edénico de vida al participar del fruto del Árbol de la Vida.[2] Sus hojas son para la sanación de las naciones, debido a que ellas permiten que todos puedan retornar a la integridad y totalidad de aquel árbol del cual toda la vida fluye. Cada hoja es un conductor de energía solar que fija la luz del sol para el crecimiento y nutrición del entero campo mórfico de los hijos e hijas del Uno.

Pueda vuestro propio jardín Edénico de virtudes divinas ser fructífero, como vosotros conscientemente os adaptáis a los cuidados y estaciones eternamente cambiantes de vuestro propio Árbol de la Vida en vuestro medio.

Yo Soy humildemente vuestro,

Morya

16

RITMOS, MÚSICA Y EL AURA
El Latido del Aura

Componer con el (Haydn) era una forma de adoración,
un verdadero ritual, el siempre se vestia con sus mejores ropas
antes de comenzar a componer diciendo: "Yo estoy ahora llendo
a comulgar con Dios y yo debo estar apropiadamente vestido"
- Joseph Joachim, como fue contado a Arthur M. Abell,
Coversando con Grandes Compositores

A Aquellos quienes gustarían conocer la Voz y la Canción de Dios dentro,

Yo vengo a acelerar el sonido rítmico de Seidad dentro de vosotros. Yo vengo a intensificar la frecuencia de reverencia amorosa por la Divina Persona de Dios. Yo vengo a incrementar vuestra sensibilidad a la vibración y a la ciencia sónica de sintonizar con el aura de gracia infinita, no como un mero amigo temporal si no como un oyente antiguo de la Canción Celestial.

La pulsación del latido del corazón de Dios puede ser conocida. Comenzad por escuchar vuestro propio latido del corazón cuando vosotros hayáis aquietado vuestra conciencia externa y ésta esté en concordancia con el acorde perdido de Luz Logoica de vuestro Santo Ser Crístico. Sentid el patrón rítmico que vuestro corazón mantiene día y noche a través de una asociación paternalmente impersonal y una maternalmente personal con el corazón de Alfa y Omega.

El tiempo tres por cuatro del latido de vuestro corazón permite la apertura y cerrado sincrónico de las varias válvulas de las cámaras del corazón, tal que vuestra sangre pueda ser oxigenada y purificada por el Espíritu y enviada de nuevo y de nuevo a nutrir y rejuvenecer las células y sistemas de vuestro cuerpo templo. Asimismo, hay una nutrición espiritual del campo áurico de vuestro cuerpo emocional que se correlaciona con este ritmo y actividad física. Esta es una manifestación de la atención amorosa y personal de la Madre de toda Vida hacia vosotros como hijos e hijas de su corazón.

Este ritmo del corazón es verdaderamente el más sagrado de todos los patrones sónicos a través del cosmos, porque sin amor manifestándose dentro de este proceso no podría existir la vida. Esto es la quintaesencia de la música de las esferas justo dentro de vuestro propio ser, donde hay un continuo girar de mundos dentro de mundos y un reabastecimiento de la Seidad de Dios momento a momento.

Asimismo el ritmo de la inspiración y la expiración a través de la respiración forma el telón de fondo para que el Espíritu hable, para que entre y sea asimilado dentro de vuestro cuerpo templo y a través de vuestra envoltura áurica. Los intervalos sagrados o descansos entre las cimas y los valles de los patrones cíclicos entre estos dos procesos es donde el Eterno Ahora puede ser experienciado y conocido a través de una profunda sensibilidad a su música silenciosa y a su esencia luminosa.

Así como cada partitura de música tiene su escritura con llaves musicales y es escrita en un tiempo específico cuatro/cuatro, tres/cuatro, seis/ocho, dos/cuatro y otros. Así vuestra alma tiene una clave tonal que es la expresión de la impronta de vuestra frecuencia personal de luz y sonido y patrón áurico sobre el océano cósmico. Cuando ésta es mezclada con todas las otras claves tonales de todas las almas conscientes, esto forma una maravillosa y variada orquestación de Seidad, que llega a ser una parte de la gran canción del planeta mismo, como este viaja en su propia órbita elíptica alrededor del sol.

Vuestra aura está constantemente emanando colores, sonidos, sentimientos, fragancias y esencias gustativas que los adeptos pueden ver, escuchar, tocar, oler y degustar. Todo esto junto habla plenamente de vuestra individualización personal de la energía otorgada por Dios a vosotros a través de vuestra experiencia de libre albedrío. Un mayor desarrollo de las facultades de los rayos cristalinos de los sentidos superiores os permitirá más fácilmente purificar y perfeccionar vuestra aura. Las frecuencias celestiales de los maestros ascendidos mezcladas con la vuestra propia, a través de vuestras devociones y comunión con ellos, os permitirán una más maravillosa expresión de la luz a través de vuestra aura y ser, benditos.

Pocos individuos sobre la tierra se detienen a escuchar a los verdaderos patrones rítmicos de la vida que están maravillosamente tejidos en la tela de la canción de la naturaleza. Estos son gentilmente destilados por los pájaros, abejas y flores, por las nubes, lluvia y luz del sol, por el golpear de las aguas sobre las rocas y el susurro del viento a través de las danzas dévicas de los árboles cada día. El jardín de Gaia está en todas partes y sus semillas, brotes, capullos y flores todos cantan un área de amor que es magnánima y magnética en su simple gorjeo, en su melodiosa y electrizante danza.

Yo soy manifestando la belleza de la vida como amanecer de nueva seidad dentro de la tierra, lista para jugar a las escondidas con aquellos quienes son niños de corazón y sabios en la sabiduría eterna de la constante corriente de amor.

Reflejando vuestra divinidad de vuelta hacia vosotros siempre,

Morya

17

LA FRAGANCIA DEL AURA
El Misticismo de los Aromas Divinos

El alma se manifiesta a sí misma como un loto de innumerables pétalos.
- Kahlil Gibran, *El profeta*

Valientes Cuyos Auras se están convirtiendo en semejantes a Dios, Yuxtapuesta contra el aura más luminosa y fragante del Divino Uno es el aura del hombre y la mujer común de Kali Yuga, cuya definición y luminosidad deja mucho que desear. La contaminación del aura a través de los hábitos del deseo carnal y las prácticas de engaño de los hombres ha sido bien documentada por mi santo hermano, Djwal Kul. Del mismo modo que, Kuthumi y yo hemos mostrado un sendero superior de utilización de las cualidades magnéticas de vuestra aura para aumentar su vitalidad y luminosidad a través de virtuosas prácticas espirituales.

Con el avance acelerado de todo tipo de tecnologías electrónicas y digitales ahora utilizada por la humanidad, al mismo tiempo se ha producido un severo y marcado decrecimiento en el brillo, así como en el aroma fragante del aura humana. El bombardeo de interferencia con el naturalmente elástico y energéticamente impermeable campo de flujo de luz a vuestro alrededor, con numerosos microondas invisibles y otras frecuencias dañinas extremadamente bajas o altas, ha dado como resultado el endurecimiento de las membranas protectoras y ha permitido que nuevas y más peligrosas influencias físicas, astrales y mentales, toxinas y enfermedades de cuerpo, mente y alma se manifestaran dentro de vuestro mundo. Esto ha llegado a niveles alarmantes tales que el Maestro Lanello ha calificado como una plaga peligrosa que ha sido usada solapada e intencionalmente por varias industrias y los poderes fácticos.

La desvinculación del hombre de la naturaleza, casi ha hecho de él un autómata, dispuesto y preparado para responder a todas las anuncios publicitarios estimulantes generados por los malvados magos de Madison Avenue, todos los caprichos del jet set de Hollywood, cada matriz pre programada de ilusión por los proponentes del delirio y la oscuridad en las industrias de la música rock, rap y jazz. Para liberarse de la conciencia de masas y su continuo albergar y promulgación de los registros recurrentes de la violencia, la destrucción y la guerra requiere un nuevo ímpetu de propósito espiritual, un regreso consciente a los principios divinos de la luz.

Lo que no es a menudo experienciado por los devotos cuya visión interior está comenzando a abrirse es la naturaleza aromática del campo áurico. Las personas que son sensibles a los reinos dévicos y el trabajo de los amables silfos y las hadas de las flores, saben que el aura también emana una frecuencia de olor -o lo que yo llamaría una pérgola fragante- que está dentro de otro espectro de la conciencia. Cuando los pétalos de vuestros chakras están girando libremente a causa de un profundo y permanente sentido de la alegría que se gana a través de vuestras prácticas devocionales, estos expresan naturalmente una fragancia santa nacida de vuestro ofrecimiento específico de las virtudes de amor de vuestro Ser Superior.

Cada chakra puede emitir un aroma floral especial basado en vuestra auto-maestría en el flujo de energía que viene a través de vuestra Presencia Solar, como un portal de luz y creatividad. Vuestro corazón tiene la intención de emitir el aroma de las rosas, magnolias y lotos a través de vuestra aura, mientras vuestro chakra del alma está destinado a liberar una destilación de violetas, lilas, margarita y lavanda en los éteres. Vuestro chakra de la base, puede bendeciros a todos con la fragancia de los lirios de pascua, fresia, madreselva y gardenias, mientras que vuestro chakra de la garganta puede irradiar el aroma divino de la vinca mayor, no me olvides y torenia. Chakra por chakra, oleos de regocijo pueden ser otorgados a todos como virtudes celestiales de vuestro Ser Real. Por vuestra aplicación consciente de las ciencias espirituales del flujo de energía se propicia el verdadero florecimiento de vuestra divinidad.

¿Habéis notado el hermoso aroma de un bebé recién nacido, quien ha llegado recientemente desde el dominio del cielo? Vosotros os sorprenderíais al ver cómo aquella alma ha recibido antes de su encarnación física, ciertas imparticiones de luz de los ángeles de misericordia y armonía, cuya misión es la de prepararla para su estancia en la tierra con la gracia protectora de estas bendiciones especiales de luz ¡El trabajo de estos ministrantes divinos del Espíritu es verdaderamente sublime, queridos corazones!

Reflexionad por un momento en los Tres Reyes Magos que trajeron sus regalos de oro, incienso y mirra al Niño Cristo, Jesús, poco después de su nacimiento. Estos eran verdaderamente tesoros que fueron utilizados por la Sagrada Familia para sellar el vehículo externo del Niño Dios viviente, para su poderosa misión de servir a los hijos e hijas de Dios. A través de la majestad de su ejemplo todos podrían superar sus dudas y temores y ganar su Autodominio durante la era de 2000 años de oportunidad conocida como la dispensación de Piscis.

Aquellos que sienten una afinidad con las enseñanzas Crísticas y Búdicas de Jesús y su perfeccionamiento a través de la entrega a la santa voluntad, sabiduría y amor de Dios ganarán mucho, tanto a través del estudio como del uso de las esencias florales y remedios sagrados. Cuando se preparan cuidadosamente y se ingieren o airean adecuadamente, estos crean una atmósfera o campo áurico alrededor de vosotros, que es más conducente de trabajo espiritual y servicio superior. Es por esto que es importante tener flores frescas, vivas sobre o cerca de vuestros altares, cada vez que se preparan para recibir la visitación y los discursos de los seres celestiales y cósmicos.

Tal como se dijo en el pasado, dejad que vuestra luz brille delante de los hombres para que ellos puedan dar gloria al Padre,[1] así os pido que dejéis que la fragancia de vuestro Ser Divino fluya y bendiga a todos los que vengan a vosotros por apoyo espiritual, elevación, curación y amor.

Precursor de una nueva era de santidad para el Señor,[2] Yo soy

Morya

18

EL DESEO, EL DEVACHAN
Y LA POSESIÓN DEMONÍACA
Lidiando Con Fuerzas Astrales No Deseadas

Eventos pequeños e importantes golpean sobre el aura,
como si fueran cuerdas musicales. La carga del mundo
toca sus sinfonías sobre ellas.
- El Morya, *Hojas del Jardín II*

Para Vosotros Que Estáis Haciendo Un Hermoso Futuro, Hoy Vuestra Realidad,

Invertir en la radiante luz del Uno Divino es una iniciativa propicia. Esto trae un tremendo campo de energía de abundancia en juego, como un retorno cósmico de vuestro propio regalo en el presente dominio de vuestra vida, así el escenario está amorosamente establecido para un más armonioso y bendito mañana. Este es un ejemplo de la manifestación del deseo de Dios, trabajando a través de vosotros como un co-creador, donde habéis aceptado la plena responsabilidad por la exteriorización del mundo que habéis imaginado ahora.

Muchas personas han manchado sus propios campos áuricos a través de un deseo excesivo por las cosas materiales, pues sus conciencias están centradas en sus cuerpos emocionales. Y así ellos moran solamente dentro de los velos de ilusión o maya. Vida tras vida muy poco progreso espiritual es hecho, porque se han aislado de los dominios de la luz y el amor santo por la aceptación de su separación del Creador y el campo de unidad que permea toda la vida.

El deseo humano engendra realización sólo en las regiones inferiores de la vida y del alma, porque la energía creativa del ser que se le concede a cada individuo se transformó hacia un resultado que no es suficiente para elevar el alma a su herencia que le corresponde de la perfección en Dios. A menudo, entonces, la única manera que tenemos para llegar hasta las personas atrapadas en esta red de irrealidad, es que puedan saciarse por completo a fin de que algún día se cansen de este estado penoso y deseen algo más, algo sublime.

Vivir dentro del campo del deseo de Dios, más que del deseo egótico, es el camino para liberarse del reino de devachán, que es un pseudo-mundo que interpenetra los niveles medio y superior del plano astral y las almas entran ahí al poner su atención en la irrealidad. Los que tienen la desgracia de tener sus moradas ahí a menudo quedan encerrados en una matriz oscura de subterfugios dentro de este reino subterráneo donde viven sus fantasías, ya que sus deseos se cumplen en un estado como ensueño que los convierte en un presa fácil para las hordas astrales que tratan de inocularlos contra la luz.

Toda posesión demoníaca comienza con el compromiso del aura a través de la invitación y el permitir que el mal -el velo de energía- se manifieste dentro por una elección consciente. Debido a que todos están dotados de libre albedrío, la gente elige bajar su vibración e interactuar con los diversos vicios y vectores de ilusión porque desean experimentar las mercancías de estas criaturas lamentables de la noche. Durante estos episodios el aura es penetrada por sustancia astral que corroe el sobre protector natural o piel etérica, hasta que rajaduras se producen por el accionar de estas fuerzas demoníacas que luego tienen rienda suelta para embaucarlos, sacándolos de los estratos sagrados de lo sublime y envolviéndolos en maya.

Se necesita una poderosa forma de intercesión divina, primero para liberarlos y luego para sellar los campos áuricos de los capturados en las regiones astrales de estos malvados intrusos. Esto sólo puede ocurrir a través de una infusión de luz y una transfusión simultánea de formas de pensamiento positivo y esencias espirituales, que sustituirán a los rellenos oscuros del no-yo que se han adherido a la identidad fundamental de la mónada humana.

Aquellos de ustedes que han tratado de aconsejar o interceder por los dementes y los desposeídos saben cuan poderoso son los demonios que poseen, en su trabajo de engañar la conciencia de estos individuos agobiados en pensar que los pensamientos de los demonios son propios y que sus hábitos sin sentidos son una parte de su verdadera realidad. Una de las claves es la de invocar el círculo y espada del Elohim Pureza y Astrea[1] en esta ecuación y ver sus energías de luz trabajando en una acción cósmica para expulsar los patrones de imperfección y reemplazarlos con luz, ligereza y amor.

¡El aura debe ser brillante y libre de la basura oscura del caos máyico! ¡Esto será así por vuestra elección consciente de vivir en la luz de Dios que siempre prevalece, mientras os hacéis disponibles en cada oportunidad para emanar ese resplandor divino! ¡Que así sea, oh alma, el día de hoy!

En la gentil comprensión de todos vuestros
deseos de ser el instrumento de Dios, Yo Soy

Morya

19

SEMBRANDO EL AURA
CON ENGRAMAS DE LUZ
El Poder de los Símbolos Dentro del Aura

Nosotros como personas estamos finalmente llegando a ser más
concientes de nuestro sutil cuerpo espiritual.
- Dannion Brinkley, *En Paz en la Luz*

Victoriosos Espíritus que Estáis Convirtiéndoos en Luces Brillantes para un Mundo,

Una de las actividades especiales de los patrocinadores espirituales de los iniciados solares y aquellos que están avanzando en sus estudios esotéricos, es dedicarse a sembrar el aura de nuestros estudiantes con ciertos engramas de luz cristalina. Estos contienen impulsos iniciáticos concentrados que cuando son completamente asimilados a través de mayores estudios y práctica, se expanden en hermosos patrones fractales de ondas lumínicas que pueden ser vistos en el campo áurico solar superior de vuestro ser.

A medida que intentáis inspirar a vuestros niños con conceptos de belleza en los reinos naturales, o acerca de ciertos ideales que deseáis que ellos adquieran, asimismo nosotros a menudo conscientemente, preparamos ideaciones específicas para nuestros discípulos, las que serán gentilmente introducidas en sus mentes subconscientes con el permiso de su Ser Superconciente, adicionando así un ímpetu para el cambio transformativo en la ecuación de su plan de vida, para su victoria en todas las cosas divinas.

La naturaleza delicada del alma es bien conocida por nosotros, así este proceso es más complicado de lo que vosotros podríais creer, benditos. Exactamente como un científico trabajando en un laboratorio debe ser cauto cuando trabaja con microorganismos, y un joyero o cirujano debe desarrollar una cierta sensibilidad táctil y maestría en el uso de diminutos instrumentos en su trabajo, asimismo nosotros estamos atados por la ley kármica para adentrarnos en las sutilezas de este trabajo con amoroso cuidado, para considerar los efectos de largo alcance de nuestras alquimias en representación de vosotros.

A menudo este trabajo es hecho en una escala más amplia, con un mayor número de estudiantes, ya que preferiríamos sembrar nuestra semilla en un jardín más amplio, una audiencia mayor de trabajadores de luz, quienes entiendan los procesos sagrados iniciáticos, y las frecuencias lumínicas involucradas que nosotros debemos tomar en cuenta para nuestros propios gurús y maestros. Ya que, veréis, todas las energías deben balancearse apropiadamente, y no nos está permitido introducir un elixir de luz demasiado potente, de otra forma, los cambios potenciales podrían ser traumáticos para el campo áurico, y la trayectoria solar proyectada del alma.

Hay devotos que, en su ávido deseo de progresar, comen más de lo que pueden masticar, y rápidamente aprenden la lección de que un progreso constante y gradual en el camino es mejor que avances rápidos y posteriores caídas bruscas, las cuales a menudo los hacen retroceder en su conciencia por algún tiempo. A causa de la naturaleza cíclica del camino de iniciación es mejor adentrarse en un nivel de actividad que pueda ser sostenido por una espiral más larga de avance y crecimiento, en vez de, no pasar una prueba, y luego tomar un largo descanso antes de volver a involucrase con nosotros. Aquellos que son consistentes, aunque aumenten la luminosidad de sus auras solo un pequeño margen diariamente, eventualmente alcanzarán sus mayores expectativas y metas.

Habiendo dicho esto, puede también ser esperado, que por momentos la varita iniciática deba ser blandida por nosotros, para iniciar un nivel mayor de actividad y progreso solar para el alma que en algún momento debe elevarse hasta su pleno estado divino de integración con la Presencia y perfección en el Amor.

Así es que, estos sembradíos de conciencia ocurren tal como han sido planeados antes de cada encarnación por vuestra Superalma con vuestros maestros patrocinadores, para lograr mayor progreso, el cual es requerido para vuestro ascenso celestial.

La introducción de, incluso un engrama sembrado, puede transformar el aura en un cuerpo cristalino llameante de fuego estelar, cuando el devoto lo acepta completamente, y es diligente al atender a sus requerimientos de cambio –los pasos y etapas de desarrollo del Ser y crecimiento– que están garantizados a producir sus efectos deseados cuando han sido asimilados. Entonces, cuando una semilla ha germinado completamente y florecido, y se ha convertido en el fruto completo de la experiencia a través de la atención, diligencia y presencia, una nueva semilla es prontamente liberada, por medios casi impersonales, en el alma para vuestro mayor crecimiento, amados míos.

A cada vuelta de la espiral en la razón dorada de luz, un nuevo impulso es sentido para continuar girando y moviéndose más alto. Esta inclinación natural es la acción del amor mismo, el cual os impele a despertar cada día, a causa de la radiancia del sol que sentís, contiene el goce del Señor, quien está en constante comunicación con vuestro Ser Solar, vuestra realidad superior. La ciencia iniciática, entonces, está realmente gobernada por los ciclos naturales en constante despliegue de la actividad solar de vuestra Presencia de Dios, la cual sabe lo que es mejor para vuestra alma en su viaje sagrado a través de la vida.

En la medida que deseéis continuar efectuando cambios sobre y dentro del aura de la Tierra, primero poned en efecto aquellos cambios esenciales al internalizar estos engramas de luz, y solo en ese momento vuestro trabajo será realmente efectivo en un nivel macro cósmico.

Emanando el primer rayo de luz solar al amanecer
hacia vosotros para vuestra victoria siempre, Yo Soy

Morya

EMANACIONES DEL CORAZÓN Y OTRAS TRANSFUSIONES DIVINAS
Alimento Espiritual para Perfeccionar el Brillo del Aura

Aquello que es sin limites en vosotros mora en la mansión del cielo,cuya puerta es la neblina matinal y cuyas ventanas son las canciones y los silencios de la noche.
-Kahlil Gibran, *El Profeta*

Agraciados Amigos del Corazón Eterno de Dios,

El aura, como un campo de energía, se origina de una pulsación multidimensional, que a su vez se origina de la chispa divina en el corazón. Sin este contacto con la flameante Presencia a través del centro del ser dentro de vosotros, el hombre no emanaría ningún cuerpo electrónico a su alrededor.

Aquellos que comienzan a reconocer, recibir y asimilar las transmisiones rarificadas de luz desde su Fuente Solar, se percatan que el punto primario de contacto para su florecimiento es la llama trina en sus corazones. Estas pueden ser derramadas a toda la vida en vuestras esferas de influencia a través de un proceso sagrado llamado Emanación del Corazón.

Las Emanaciones del Corazón son emisiones conscientes de luz bendecida por Dios que fluyen como un río de radiancia divina a través del corazón. Son expresadas a través y más allá del aura en todas direcciones a través de lo que llamo capilares electrónicos o receptores de luz, los cuales son semejantes en propósito y diseño a los vasos sanguíneos en vuestro sistema circulatorio.

Cuando los cuerpos etérico, mental, emocional y físico están sanos, balanceados y llenos de "qi" (chi), o luz pránica, las emanaciones del corazón que fluyen a través del aura son vibrantes, claras y contienen una fuerza revitalizadora que es la energía de la vida misma. Estos arroyos de fuego espiritual continuamente cargan y recargan el aura con las frecuencias del Espíritu Santo, que están compuestas de varias gracias, dones y bendiciones celestiales. Cada una de estas es específica al individuo basado en su nivel de logro espiritual, ganado a través de vidas virtuosas y conscientes enfocadas en Dios y el servicio a la humanidad.

Para aquellos entrando en un nivel superior de servicio mundial a través de la entrega de oraciones aceleradas, mantras y decretos dinámicos, el aura es cargada electromagnéticamente con un nivel de luz cósmica por la conducción de estas quintaesencias sagradas, por medio del corazón y por intervención angelical. Este es uno de los tipos más poderosos de transfusiones divinas que el alma puede experienciar. Esto magnificado por el nivel de maestría de sí mismo que han demostrado a través de la armonía áurica, como también cuando participan en grupos en servicios devocionales comunitarios de luz.

Los seres angélicos, cósmicos y Elohímicos también entregan otros tipos de transfusiones de luz divina cuando un alma las ha ganado a través del dar compasivo a otros. Estas vienen a través de contacto directo con la Jerarquía Espiritual Planetaria de maestros ascendidos que amorosamente extienden las gracias del cielo a devotos espirituales que se han alineado con la ley del amor, vida tras vida, por decisión consciente.

Cada darshán íntimo, cada dictado ígneo, cada discurso inspirado a través de mensajeros ungidos de luz puede permitir el enfoque y transfusión de estas frecuencias solares desde nuestros reinos a vuestros corazones, para reabasteceros de vuestros propios recursos internos y para la victoria de vuestra misión evolutiva espiritual en la Tierra.

Aquellos que escuchan cada una de nuestras palabras, aquellos que estudian para ser aprobados frente a Dios, aquellos que escuchan y obedecen su voz interna y que están en plena alianza y alineamiento con la Palabra Crística, sentirán el influjo de la irradiación espiritual que liberamos dentro de nuestros mensajes. Y sus auras serán las beneficiarias de sus propiedades cambiadoras de vida y de su momentum divino.

Queridos corazones, para aquellos que son sensitivos, el aura humana no es más un misterio que está oculto de la vista o incluso de los sentidos externos. Ya que, vuestro cuerpo de sentimiento ha llegado a estar más sintonizado a los estratos emocionales de la Tierra, los cuales a su vez están siempre atentos a las emisiones solares de los virtuosos sentimientos de Dios por su creación. Vuestra inteligencia áurica naturalmente experiencia el campo áurico superior del planeta, el sistema solar y la galaxia.

¡Degustad nuestra ambrosia divina ahora! ¡Escuchad al sonido sin sonido del giro de los mundos superiores dentro de vosotros ahora! Tocad el campo áurico del Uno a través de meditación silenciosa. Discernid y recibid ahora, por el poder del Espíritu Santo vuestra merecida herencia de abundancia, ya que vosotros habéis mantenido vuestra perfecta conexión con el Uno, Todo Proveedor. ¡Vivid más allá de los límites del karma humano y de la oscuridad de sus brumas máyicas ahora!

Benefactor de todos aquellos que sirven a La Única
Emanación del Corazón de Dios. Yo Soy

Morya

21

LA MAGNIFICACIÓN DE LA LUZ
Incrementando Vuestras Emanaciones Áuricas

Hay un propósito en llegar a ser un Buda...
desarrollar amor desinteresado y compasión hacia todos los seres...
y percibir la naturaleza de la realidad...
- Thubten Chodron, *Como Liberar Nuestra Mente*

Conscientes de Dios,

Los que pueden percibir el aura humana como un campo de energía alrededor de los hijos e hijas de Dios, deben asumir la responsabilidad de alguna manera para el alivio del sufrimiento humano y la libertad e iluminación de la humanidad. La naturaleza sensible del alma es tal, que cuando uno contempla las fuerzas de luz y oscuridad operando dentro del dominio humano, siempre existe la opción de ofrecer su propia conexión con el mundo divino para beneficiar a aquellos que aún no han despertado a su verdadera realidad solar y las bendiciones que puede aportar a sus almas a través de este estado espiritualmente avivado del ser.

Uno de mis objetivos principales en la liberación de esta serie es para asistiros a aprender a magnificar la luz dentro del dominio actual y real de vuestra propia aura y mundo. Porque preocuparse demasiado de los principios cósmicos o conocimiento esotérico, sin poner en práctica la sabiduría dentro de las enseñanzas, no produce el resultado deseado de la transformación personal o cambio planetario.

En cierto sentido, el aura es un lente hacia la naturaleza interior del Hombre y los recursos de su alma. No se puede observar únicamente dentro del cuerpo físico del hombre, mujer y niño, lo que debe ser visto y leído cuidadosamente dentro del campo áurico que rodea sus cuerpos. Cuando la verdadera naturaleza de un individuo se revela a través del discernimiento correcto, entonces uno puede realmente ser una ayuda en el sentido más elevado, sin interferir con los procesos naturales del desenvolvimiento del karma, dharma, plan de vida o misión de aquel.

He compartido lo significativo que es sostener la imagen inmaculada de perfección para cada corriente de vida y su importancia en la misión más grande de todos los devotos de la luz. De hecho, los grandes maestros han sido justamente descritos como aquellos quienes pueden generar un campo impresionante de seidad cristalina en Dios a su alrededor y también de toda vida, tal que, todos los que entran en este campo son bendecidos, elevados y sanados por la gran Presencia Solar de su esencia sagrada.

Para magnificar la luz, primero debéis lavar y limpiar completamente toda vuestra aura en una corriente cósmica de energía de luz solar desde vuestra Fuente. Este proceso de purificación puede tomar semanas, meses e incluso años para llevarse a cabo plenamente, porque las varias capas de sustancia oscura acumuladas por años o vidas de ignorancia y mal uso de la luz, pueden ser muy grandes. Muchos niveles de hollín astral deben ser transmutados por vuestro trabajo consciente.

Una vez que esta actividad sagrada es terminada, un mayor resplandor divino, una más sublime radiancia solar es emitida a través de vuestra aura. Entonces podemos empezar a tutorear vuestra alma en varias "obras mayores"[1] que implican el aumento de la luz a los niveles más altos de la gloria divina en la que estáis literalmente sellados a vuestra Divina Presencia. Su potencia de luz celestial comienza a fluir a través vuestro y de vuestro Santo Ser Crístico y Búdico convirtiéndoos en el vehículo para la liberación de grandes gracias y bendiciones a las almas de muchos y al mundo en general a vuestro alrededor.

¡Cuando el Señor Jesús dijo: "Yo y mi Padre somos uno"[2] señaló que había sido completamente subsumido en esta relación divina donde el yo inferior del hombre Jesús ya no tenía dominio sobre él, y la plena Seidad Crística de su Ser Superior estaba activa a lo largo de su vida y el mundo! Esta hazaña fue lograda a través de muchos años de obediencia amorosa a su gurú, el Señor Maitreya, siguiendo la dirección del maestro en todos los sentidos. A través de la auto-disciplina, a través de la práctica continua y el pleno dominio de la ciencia de la absorción de la luz espiritual desde su Fuente, y a través de un cierto nivel de intercesión angélica debido a las oraciones de su amorosa madre y otros que apoyaron su misión, Jesús fue elevado en vibración para vivir totalmente en el mayor campo áurico de su Presencia Divina, manifestando su calidad de Hijo como el Cristo viviente, el Logos, el Verbo en la forma.

María sostuvo el campo de irradiación crística en y alrededor de él a través de su visión inmaculada de su ser siempre bañado e infundido en luz. Jesús se convirtió en un transmisor de toda clase de milagros, energías curativas y la luz violeta de misericordia y perdón, porque su aura brillaba con el resplandor solar de su Ser Real.

Vos también, oh alma, podéis permanecer en este nivel de pureza e integridad por vuestra elección consciente al mantener la limpieza interior de vuestra alma, a través de la atención espiritual a las energías que fluyen a través vuestro, buscando en todo momento y para siempre magnificar al Señor por medio de la obediencia amorosa a la santa voluntad, sabiduría y amor del Uno Divino. En este proceso, vosotros seréis gentilmente guiados por vuestros maestros patrocinadores y guía interno para apropiaros de toda la luz concedida a vosotros con una cierta gracia y presteza, con un sentido de precaución reverente y sin embargo, un abandono santo que viene cuando habéis dedicado plenamente vuestra vida a los propósitos del Creador, siendo co-creadores vosotros mismos.

Para magnificar la luz, primero debéis haber desarrollado la capacidad de recibir esa luz, aprender a sostenerla dentro de vuestra conciencia, conservar su capacidad innata para bendeciros y sanaros, liberarla en vuestra labor sagrada y en todas las numerosas actividades y proyectos en los que estáis involucrados, y entregar justamente sus efectos santificadores y bendiciones personales a todos.

No basta con ser simplemente un conductor para una transferencia impersonal de luz a la conciencia de las masas. La luz debe ser procesada dentro de vuestro ser, regenerada con la particularidad de los fuegos creativos propios, y luego compartida en trabajos conscientes de elevación espiritual, apoyo y servicio a la vida.

En este proceso os convertís en un laboratorio para el Señor, un punto focal para la alquimización de luz dentro del dominio de vuestra propia aura. Vuestra aura se activa para convertirse en un literal horno solar, mediante el cual se transmuta la escoria del plomo planetario en la luz dorada líquida de la sabiduría precipitada para ennoblecer la vida, para traer muchas bendiciones y dones a aquellos que habéis venido a servir.

¡Estoy magnificando las nuevas frecuencias azules de alegría solar dentro del dominio de la tierra y de todos los devotos de la Voluntad de Dios en esta hora! ¡Venid y uníos a mí para ser el Uno[3] y permanecer en mi fuego radiante!

Defensor de un nuevo nivel de Realidad de Dios
naciendo dentro de vosotros, Yo soy

Morya

ÓPTICAS DE LA LUZ LASER VIOLETA
Transmutación del Séptimo Rayo

Verdadera visión espiritual trae una dicha duradera,
y la mente es conciente de la verdad de la visión.
- Swami Prabhavananda, *El Eterno Compañero:*
Brahmananda, Su Vida y Enseñanzas

Intuitivos Quienes Estáis Comenzando a Frecuentar Los Mundos Divinos,

Un estudio general de la ciencia de la óptica puede permitiros una mayor comprensión de la naturaleza de la visión exaltada que vosotros deseáis manifestar. Porque dentro de los detalles requeridos para discernir las variaciones en las cualidades y frecuencias de luz dentro de su completo espectro de manifestación, vosotros también encontraréis claves para las cualidades inductivas, conductivas y reductivas de la luz espiritual que utilizamos en nuestro trabajo.

Nosotros hemos liberado una muy básica comprensión de la Luz Laser Violeta, como una versión acelerada y enfocada del séptimo rayo de la libertad que vosotros podéis invocar para traer todo tipo de proezas de alquimia divina. Seguramente aquellos quienes han profundizado su visión durante intensas meditaciones y sesiones de oración, permitiendo que el rayo violeta penetre capas cada vez más profundas de oscuridad planetaria y también en las regiones inferiores del plano astral, han visto sus poderosos efectos para transmutar los elementos negativos del campo áurico inferior del mundo.

Me gustaría poner nueva luz sobre las posibilidades por una mayor aceleración de vuestro trabajo para traer juntos los resultados deseados: sanaciones milagrosas, entrenamiento para la iluminación y una mayor transformación planetaria. Así un estudio de las bases de la óptica laser es esencial para lograr que vosotros os mováis a un nuevo nivel de gnosis en la medida en que nosotros avanzamos, benditos.

El fijar una imagen dentro del "ojo de la mente" para contemplar plenamente y para revestir en sustancia espiritual, es clave para invocar la perfección de energía pura de Luz y Seidad. Para lograr esto cerrad vuestros ojos y permitid que vuestro Ser Superior vea a través de vuestro tercer ojo una imagen de una pirámide dorada de aproximadamente 12 pulgadas de altura ante vosotros. Aceptad ésta clara definición de forma y sus funciones etéricas superiores, mientras esto permanece como una forma de pensamiento para vuestro trabajo alquímico al usar la luz láser violeta.

Ved un penetrante rayo de luz violeta de tres pulgadas de diámetro irradiándose desde el centro de vuestra Presencia Divina y proyectado directamente en el centro de la pirámide dorada. Sentid la intensidad de este rayo, escuchad sus ondas sonoras fotónicas y pulsantes y percibid su dulce aroma de gloriosas rosas violetas, difundiéndose alrededor mientras continuáis enfocándote en su activa radiancia dentro de la pirámide. La pirámide recibe ésta energía violeta y cambia de color, de dorado a un violeta concentrado, esto sucede en unos pocos segundos justo delante de vuestra visión superior.

Ahora ved esta pirámide plenamente cargada con la energía del gozo del séptimo rayo, perdón y misericordia. Este es vuestro talismán mágico que vosotros podéis usar en todos los experimentos alquímicos. Esto se transforma en una realidad viviente, un foco geométrico vibrante, un conductor de luz mágica de fuerzas cósmicas.

Ahora miniaturizad esta pirámide hasta ser del tamaño de una tachuela, alrededor de media pulgada de diámetro. Ved esta pirámide ahora multiplicada muchas veces, tal que vuestras dos palmas queden completamente cubiertas por ellas.

Permitíos ver en el ojo de vuestra mente cada una de estas pequeñas pirámides ser cargadas con la Intención de Dios, a través de la magia de vuestro tercer ojo para ser utilizadas en la transformación planetaria.

Ahora lanzadlas dentro del cosmos y vedlas sembrando la atmósfera con el amor de la luz láser violeta en todas las direcciones.

Como ha sido entendido por los astrofísicos la velocidad de fase de una onda electromagnética, cuando viaja a través de un cierto medio (en este caso el aire), puede exceder la velocidad de la luz. Estas diminutas pirámides, a través de la magia divina viajan sobre la onda de pensamiento que vosotros enviáis, transformándose en takiones espirituales, partículas elementales que también se mueven más rápido que la luz para cumplir su santo propósito. Cada una de ellas, llega a ser dentro de mundos microscópicos un mini blazar, un nuevo núcleo de micro galaxias que vosotros creáis por pensar con un alto nivel de luminosidad, una rápida variación en frecuencia y una alta habilidad para aglutinar sustancia etérica en una actividad sagrada, para repolarizar oscuridad en luz.

Estas partículas pueden también, realmente viajar hacia atrás en el tiempo para liberar un quociente de su infinito momentum para ¡recrear vuestro mundo como vosotros gustaríais que este sea! La clave, benditos, es realmente ver y contemplar esta actividad como posible y luego verla manifestada a través del pensamiento Divino. Pedid humildemente a vuestro Ser Superior que estimule vuestro nervio óptico para permitir que este nuevo nivel de Visión Divina ocurra durante vuestras sesiones de meditación y oración.

Como algunos de vosotros sabéis la forma piramidal en si misma crea un vórtice para que las corrientes de Resurrección fluyan a través. Los adeptos divinos pueden usar esto para realizar todo tipo de alquimias cósmicas. Meditando sobre esta forma junto con la matriz de luz láser violeta y liberándola como un pensamiento forma dentro de la tierra, el agua, el aire y el fuego, permite que la luz de la Resurrección fluya en todos estos cuadrantes espirituales de la vida.

¡Amados corazones la ciencia del cielo está repleta con creatividad e imaginación! ¡En la medida que vosotros adquiráis maestría en el uso de Energía Divina en vuestro trabajo, permitiréis que vuestra aura brille con una nueva radiancia del gozo de amor violeta!

Yo Soy vuestro

Morya

23

LA DANZA Y EL PULSO DE LOS FOTONES
Paquetes Micro Cósmicos de Luz

Hasta recientemente estos dos campos, ciencia y espiritualidad
han permanecido distante y aparte uno del otro,
pero yo creo que esto está cambiando.
- Dalai Lama, *en el prólogo de Budismo Tibetano*
y Física Moderna de Vic Mansfield

Representantes de nuestros ideales divinos,

Vuestros físicos enseñan que la luz puede manifestarse tanto en forma de ondas de energía (el estado alfa) y de partículas en forma de paquetes de energía llamados fotones (el estado omega). Dependiendo del punto de referencia específico de vuestra observación de ella, la luz puede aparecer en cualquiera de estos estados de ser. En su estado Inmanifiesto antes de la expresión, la luz no ésta diferenciada en estos dos estados, ya que existe en potencial como Alfa y Omega siendo Uno.

La Luz en su estado fotónico o de partícula expresa las cualidades divinas de la Madre, y hay una danza sagrada o pulsación que se produce en este estado. Aunque los físicos postulan que la luz viaja a una velocidad constante en su estado de onda, sin embargo, debido a la curva del huevo cósmico, esta velocidad puede realmente variar en función del posicionamiento de uno con respecto al centro del cosmos, que es el Gran Sol Central. En el centro del Ser de Dios como un punto de totalidad, la velocidad deja de existir ya que no hay necesidad de que la luz viaje.

Una vez que el universo se manifestó, y los mundos fueron creados, fue esencial que la luz fuera empleada para permitir experiencia y observación dentro de los reinos creados. Si no hubiera luz para iluminar a la creación, ésta aún se mantendría en un estado no manifiesto. Así, el primer fiat de la creación: "¡Que se haga la luz!" Pone en movimiento la manifestación externa de lo que era anteriormente inmanifiesto, pues antes de esto no había luz de la conciencia para contemplarlo.

Las gradaciones sutiles de las hasta ahora, externamente inmanifiestas formas, patrones, ideaciones, sentimientos y acontecimientos aparecen en el campo áurico antes de convertirse en físicas. Los adeptos son capaces de leer lo que hay en potencial dentro de vosotros, antes de que llegue a ser exteriorizado a través de la experiencia del libre albedrío. Dentro de este campo de pre-existencia y pre-forma, la danza y el pulso de la energía de luz fotónica ocurre. Partículas de oportunidad remolinean a través del nexo del Ahora como elecciones pasadas se vuelven activas con la sustancia de luz y toman forma.

La Madre es la maestra del tiempo, porque ella determina el marco de las expresiones de vida a manifestarse, basada en su comprensión de la ley de los ciclos, la ciencia de fractales y el arte rítmico del equilibrio y la armonía. A través de la veneración a la Madre, uno puede dominar todas las ciencias iniciáticas, porque ella es la clave para la expresión de todo, dentro de los mundos materiales. Ella está en el punto donde las olas llegan a la playa e imprimen su energía sobre su seno -todo el dominio físico de la vida.

Para bailar con la Madre uno debe aprender la danza de la energía fotónica como paquetes de conciencia, como partículas de inteligencia divina que impactan los estratos cósmicos de la materia, mientras la conciencia de vigilia y la atención plena se emplean para co-crear la danza de las horas con ella como coreógrafa sagrada, maestra divina y entrenadora de luz. La madre sabe dónde cada paso debe ir, por su comprensión suprasensible del movimiento, colocación desplazamiento del flujo de energía y las dinámicas que traen Presencia en acción en cada momento.

Para dominar y controlar el aura, adquirid maestría sobre las frecuencias de Luz de la Madre dentro del centro sacro o base, elevando la kundalini en rituales santos y seguros en obediencia a la voluntad, sabiduría y amor divinos del Padre, a través de santa oración, ayuno y meditación silenciosa. Mientras la Madre libera pulsaciones de una nueva Plenitud de corazón-mente, vosotros podéis emplear sus enseñanzas de sabiduría divina en conscientes obras de luz que involucran el universo en la liberación de nuevos impulsos cósmicos mientras los alimentáis con vuestra intención y atención.

Todas las prácticas devocionales permiten la liberación de grandes pulsaciones fotónicas a vuestro corazón desde la Fuente, porque la Madre maravillosamente co-reproduce estas hacia Dios a través del nexo de su propio corazón. Por lo tanto, la oración a María, Kuan Yin, Omega, la Reina de la Luz o a cualquiera de las señoras del cielo os ofrece una forma más rápida y más directa para llegar al propio corazón del Padre de amor eterno.

Que vuestra recreación este llena de alegría y expectativa cósmica mientras las frecuencias de la Madre de resplandor terrestre iluminan vuestro camino siempre.

Eternamente vuestro,

Morya

24

LA TEORÍA DE CUERDAS VERSUS
LA MATRIZ ANTAKARANA
Una Mirada más allá de la Física Actual

Lo que usted está haciendo es reconectar cuerdas.
- Un paciente al Dr. Eric Pearl,
La Reconexión: Sanando a Otros, Sanandote a ti mismo

Benditos Corazones de la Verdad Viviente,

Los científicos teóricos han intentado desarrollar una "Teoría del Todo" que pretendería explicar todas las fuerzas conocidas del universo mientras concurrentemente reconciliaría las varias teorías anteriores aceptadas, tales como la Teoría de la Relatividad de Einstein. Yo declaro y afirmo que los científicos nunca podrán reconciliar todas las ecuaciones del universo mientras sus hipótesis y teorías estén vacías de la realidad de la existencia de un Ser Creativo Superior o Esencia Divina que es la causa de todo lo que es. Al teorizar pero no darse cuenta, es equivalente a un estado deplorable de ser un eterno estudiante, que no aplica el conocimiento adquirido en una experiencia práctica a través de trabajo y servicio.

La mayoría del debate actual sobre la naturaleza del universo gira alrededor de la teoría de cuerda o la que ahora se ha llamado teoría de supercuerda, la que afirma que hay entre once y veintiséis dimensiones de existencia. Sin entrar en los finos detalles de las varias postulaciones conceptuales de los diferentes físicos para explicar esta teoría, suficiente sea decir que está basada en una realidad perceptual externa al campo unificado de Seidad Divina que nosotros preferimos llamar la *matriz del antakarana.*

Con una profunda comprensión intuitiva que toda la vida proviene de una fuente única y que todo lo que existe está conectado a un nivel energético dentro de un campo divino de sustancia luminosa liquida viviente, uno puede elevarse por sobre las teorías para darse cuenta de la unidad eterna dentro de esta matriz antakarana. La matriz emana una gran aura radiante que indica que la masa entera o la totalidad del Universo es consciente y es un Ser Vivo que respira y siente, una Totalidad Sintiente.

Cada campo áurico de los componentes individuales o identidades que comprenden el Todo, es una parte de un campo electrónico mayor o aura del cosmos, de Dios, del Creador. Vuestra aura, entonces, es reflectiva de ésta Esencia Divina y no está solo echa a su imagen y semejanza, sino que tiene todas las cualidades esenciales de Ella. Vosotros sois verdaderamente un Ser Divino en esencia y corazón, en vuestra realidad fundamental, en vuestra verdadera Seidad.

En los términos simplísimos de *La Guerra de las Galaxias* es verdadero que hay una fuerza sagrada que permea el antakarana cósmico, la cual lo anima y lo mantiene intacto como un todo y permite que todas las interacciones e intercomunicaciones ocurran dentro de cada célula consciente de su cuerpo colectivo. Esta fuerza es la luz pura de amor, sabiduría y poder, la frecuencia regulante y balanceadora de Propósito Cósmico que mantiene la armonía a través de la matriz divina.

La Deidad conceptualizó el universo fuera de toda dimensión externa, dentro de una única dimensión interna o punto de realidad como la Primera Causa, como Seidad Inmanifiesta. Desde este punto, todas las dimensiones como cuerdas de conciencia manifiesta, (pensamiento consciente o atención plena divina) irradian patrones espirales de luz y energía que tejen un tapiz de expresión en todas partes.

Dentro de la matriz del antakarana todo lo que es, puede moverse entre varios campos o planos dimensionales de seidad, mientras mantiene su integridad natal o Identidad Divina. La vida consciente evoluciona y trasciende estas dimensiones en la medida en que acumula experiencia, la cual queda registrada en la sustancia de Akasha en todas partes. Todo lo que ocurre es registrado en forma exacta e imparcial, en un tipo de cámara de video universal multisensorial que está compuesta de luz.

Como la ciencia evolucione y corrobore las tradiciones esotéricas de gnosis divina, como ha sido cognizada por los verdaderos maestros espirituales de las eras, ésta irá usando más simples conceptos y palabras que incluso los niños podrán comprender. La verdadera ciencia espiritual no excluye la vitalidad de las realizaciones Divinas que ocurren dentro del corazón y mente de los más humildes devotos de luz, porque las palabras, a menudo, se quedan cortas para explicar estas revelaciones internas.

Solo los místicos verán la matriz del antakarana como ésta realmente existe, como una piscina todo-incluyente de amor divino, en la cual, todos pueden sumergirse y todos pueden beber la vida eterna. El océano de la Conciencia de Dios está más allá de toda descripción humana y de todos los intentos por codificarla o cuantificarla completamente, en ésta perspectiva de tres o cuatro dimensiones. Cuando el lenguaje humano se queda corto, el alfabeto divino del Alfa a Omega, de la A a la Z, lo traerán a la vida para la eventual aceptación y reconocimiento de la humanidad.

Yo Soy concibiéndolos como plenamente realizados dentro de la matriz divina del Corazón Eterno de Dios de puro amor y ser. Fluid dentro de las oleadas cósmicas y planead en los vientos de luz que Yo Soy enviando a vosotros ahora.

Amorosamente, Yo Soy

Morya

25

VIAJE EN EL TIEMPO Y EL ESPACIO
Imposibilidades Realizadas

El mundo invisible alrededor de vosotros no está vacio;
todo tipo de entidades viaja a través de el. Así que en la noche
al acostaros, aseguraos de ordenar vuestra habitación para
que seres angélicos puedan visitaros durante la noche.
- Omraam Mikhaël Aïvanhov,
Meditaciones Diarias (27 de Agosto, 2013)

Agraciados Huéspedes del Espíritu,

El Aura Humana existe dentro de una estructura amorfa de tiempo y espacio. Ambos están continuamente fluyendo, cambiando y auto transformándose basados en ciertos patrones geométricos, solar-métricos y cosmo-métricos. Lo que vosotros estáis comenzando a observar como un flujo de tiempo fractal es el movimiento de conciencia a través de un campo superior de ondas de luz solares y cósmicas y también de frecuencias que son gobernadas por leyes celestiales dinámicas más allá del dominio humano. Así hay una "Sagrada Geometría" superior basada en las emanaciones Divinas que se generan directamente desde el Gran Sol Central.

Es en verdad posible viajar a través del tiempo hacia atrás o adelante y a través del espacio más allá de sus confines aparentes o límites percibidos, cuando vuestra conciencia se ha liberado de las barreras puestas alrededor del alma a través del tirón del karma conocido como gravedad. Cuando vosotros hayáis logrado la liberación de vuestra alma a través de la unidad con vuestra Presencia Solar, las restricciones anteriores sobre el movimiento dentro de esferas superiores de conciencia se disolverán y vosotros seréis libres para experimentar las dinámicas de la vida verdadera de y en el Espíritu.

Cuando vosotros hayáis logrado la maestría sobre el tiempo al entrar en los reinos sin tiempo de vuestro Ser Superconciente, el espacio es fácil de atravesar instantáneamente. Asimismo, cuando hayáis adquirido maestría sobre el espacio al entrar en los reinos sin espacio a través de la Conciencia de Dios, el tiempo puede fácilmente ser desacelerado o acelerado como un medio de experiencia de libre albedrío. Ambos, el tiempo y el espacio son ahora vuestros sirvientes, no más vuestros maestros.

Un nuevo campo de creencia está naciendo sobre la tierra basado en una nueva Conciencia Solar y una nueva Cosmo-concepción de seidad en la Fuente. A través de este campo de energía dinámico que muchos seres conscientes están ahora co-creando, el aura de la tierra llegará a ser más radiante y fluida en luz solar y cada ser viviente dentro de su dominio será elevado dentro de esta nueva conciencia vital de Presencia Divina.

Aquellos quienes buscan viajar a través del tiempo sin un compromiso de caminar el sendero de la luz a través de un servicio humilde, no serán capaces de efectuar ningún cambio importante o transformativo a través de su experiencia. Aquellos quienes buscan viajar más allá de la tierra a otros sistemas de mundo, sin primero haber logrado maestría sobre su naturaleza inferior y sin haber logrado su liberación del alma, solo traerán su propia conciencia no iluminada donde quiera que ellos vayan. Así como todo viaje involucra movimiento y todo movimiento involucra intención y propósito de manifestarse, permitid que vuestro deseo de exceder los límites del continuum de espacio-tiempo en el cual vosotros moráis, sea por el santo propósito de compartir la energía de luz de vuestra seidad a todos a quienes observéis, afectéis o con quienes os reunáis.

Nosotros viajamos por gracia, a través de un campo de luz que nosotros conscientemente creamos adelante y alrededor de nosotros con el fin de ayudar, enseñar, sanar y salvar seres sintientes. Vosotros también podéis empezar a aprender las ciencias superiores del viaje del alma en vuestros cuerpos sutiles, no por un entretenimiento humano, o por un escape de las responsabilidades de la vida sobre la tierra, sino con el fin de recibir de los mundos superiores las frecuencias cósmicas y las esencias de luz, que beneficiarán la vida en vuestro dominio como vosotros las pongáis en acción a través de vuestra labor espiritual práctica.

El adepto nunca abusa de los regalos del Espíritu para propósitos egoístas, sino que siempre busca emplearlos para el perfeccionamiento de la humanidad y de toda la vida. Una vez que hayas adquirido maestría en el viaje del alma mientras vuestro cuerpo duerme, vosotros podréis comenzar a aprender el arte de dejar el cuerpo durante la conciencia de vigilia para participar en un trabajo espiritual específico, dirigido por un maestro patrocinante o un guía divino.

Este trabajo no debe ser considerado con ligereza, sino que debe entrarse en él, con gran cuidado y propósito amoroso. Muchos novicios quienes buscan escapar del cuerpo por un deseo inmoderado de experimentar la bienaventuranza de reinos superiores, sin un propio permiso o autorización de su maestro, han aprendido la dura lección que viene cuando entran a los reinos donde incluso ángeles y maestros temen pisar. ¡Es mejor no comprometer el universo en este nivel de experimentación curiosa, cuando vosotros no conocéis donde o porque estáis yendo!

Benditos, en todos vuestros viajes, primero sellad vuestra aura en una esfera inviolada de radiante Luz Cósmica, comulgando con vuestra Presencia y dedicando cada molécula de individualidad al Uno Divino. Cuando vosotros involucráis al cosmos en viajes a través del tiempo y el espacio con el único propósito de traer amor compasivo y sabiduría a aquellos capturados en los reinos de samsara, vosotros siempre estaréis sellados dentro de la integridad y santidad de la luz protectora del Espíritu, en su campo de flujo solar.

Morando siempre en los confines iluminados
de la Santa Voluntad de Dios, Yo Soy

Morya

26

COMUNICACIÓN INTERESTELAR E INTRACELULAR
La Transferencia de Ideaciones a través
de la Red Áurica

Cuando llegáis a estar despiertos,
os dáis cuenta de vuestra unidad con otros seres.
- Robert Thurman, *El Árbol Enjoyado del Tibet*

Estudiantes benditos de la Verdad Superior,

Esos enigmas aparentes o anomalías que la humanidad ha considerado como los misterios de la vida, obviamente no son un misterio para el Uno Divino, o para los que han realizado plenamente su unidad con la Fuente. Y sin embargo, los hombres a menudo luchan con un sentido pseudocientífico de su propia grandeza humana para desentrañar lo que Dios gustaría revelar dentro de ellos a través de los sentidos interiores del alma que se han vuelto insensibles a través del tiempo, ya que han dejado de lado la gran Seidad de la Divinidad dentro y alrededor de ellos.

Para entender la naturaleza del aura como reflejo del Uno Divino y conocer su dinamismo, su plasticidad espiritual y los procesos sagrados para los que fue creada, hay que ser perspicaz observador de la naturaleza en su conjunto. Si la humanidad sigue tratando de analizar en detalle los componentes individuales de cualquier forma de vida natural, proceso o sistema sin ver esto como parte de un todo integral que se creó como un ser vivo, orgánico, ella nunca discernirá la realidad más elevada de su verdadero propósito o no llegará a una conclusión definitiva de sus orígenes místicos.

Como es arriba, es abajo es la antigua máxima espiritual que le ofrece al estudiante perspicaz la clave para el diseño arquitectónico más impresionante, el propósito más noble, la función más sagrada y los procesos más santos que el Señor del universo ha cuidadosamente incrustado en todas las creaciones cósmicas y locales. Procesos de comunicación interestelar e intracelular están a la par cuando su escala es eliminada y son vistas bajo la misma luz, dentro de un mismo campo de actividad.

Así, si observan la naturaleza cíclica de la involución, el nacimiento, la evolución, la muerte, la revolución y el renacimiento de las galaxias y sistemas solares, descubrirán los mismos ciclos, como el flujo y reflujo, de la vida dentro de las más minúsculas células y microorganismos de su propia esfera planetaria. Un aspecto de esta verdad que la humanidad está empezando a descubrir y cognizar, es el sistema de comunicación universal presente en toda vida. Si todos estamos verdaderamente conectados como uno en un sentido cósmico, así como muchos maestros espirituales ahora lo afirman, debe haber un medio de comunicación que nos permita recibir y transmitir mensajes a todos dentro de la totalidad.

Yo Afirmo que todas las comunicaciones en su núcleo, involucran sensación y que la transmisión de cada mensaje implica sentimientos que se originan en el plexo solar, fluyen a través del corazón y son expresados a través de la mente como emanaciones que en muchas formas de vida, luego son expresadas como emotivas palabras a través de la garganta. Como vosotros sabéis, el centro de la garganta es un activador o un amplificador de vibraciones que emite la mente, más que el creador de los propios mensajes.

En todas las octavas de vida, la comunicación puede ocurrir sin enviar y recibir ondas de sonido cuando uno es lo suficientemente sensible como para sentir las emanaciones de un ser que están claramente presentes dentro de su campo áurico. Por lo tanto, los adeptos místicos, videntes y los espiritualmente sensitivos saben lo que se dice, que es a menudo no hablado, porque ellos sienten o leen el aura y sus vibraciones.

Los Hardware y software científicos que ambos astrofísicos y biólogos celulares usan se están volviendo más sensibles, en la medida que la humanidad transfiere sus habilidades de sentimientos superiores hacia estos instrumentos que son simplemente extensiones de su propia conciencia. Ellos se darán cuenta de que todas las emisiones interestelares e intracelulares se basan en los mismos principios universales y que muchas formas de vida, que antes se pensaba que carecían de conciencia, en realidad tienen las mismas capacidades cognitivas que los demás seres más evolucionados. Soles y células se componen de la misma sustancia de la mente divina y operaran con las mismas capacidades y procesos, aunque en diferentes escalas de magnitud. Las plantas tienen una muy mayor inteligencia y maestría de las fuerzas elementales de lo que imagináis.

Hay un campo de energía de luz líquida, un subespacio o hiperespacio a través del cual pasa toda la comunicación desde su origen hasta su destino final. En efecto, toda comunicación puede así ser instantáneamente sentida, traducida y entendida tan pronto como se produce. Vosotros podéis haber notado que a veces, ya sea por vuestra sensibilidad en un momento a las vibraciones de la vida que os rodea, o debido a vuestro fuerte vínculo con alguien o algo, que inmediatamente captáis un evento importante o comunicación que se produjo en la tierra o en la vida de un ser querido, amigo o asociados a cientos o miles de millas de distancia. Vosotros sentís el suceso o el mensaje y luego observáis la correlación exacta de los tiempos involucrados. El tiempo y el espacio como normalmente lo experienciamos parece colapsarse en ese momento.

¿Qué están las galaxias, las estrellas, la nova y los cometas diciéndoos ahora? ¿Qué están vuestras células, vuestras mitocondrias y vuestros genes hablándoos a vosotros en este momento? A través de intensificada sensibilidad obtenida por la meditación silenciosa, la oración y la reflexión, vosotros podéis conocer las verdades internas dentro de la comunicación del universo en todas partes, a medida que vivís en el eterno Ahora dentro de vuestra Presencia Solar.

Yo Soy siempre disponible para ayudaros en la realización
de vuestra Naturaleza Búdica,

Morya

27

FIAT, FOHAT Y
CAMPOS DE ENERGÍA CÓSMICA
Empoderando Vuestra Aura

Mis palabras vuelan hacia arriba, mis pensamientos permanecen abajo:
palabras sin pensamientos nunca al cielo van.
- Williams Shakespeare, *Hamlet*

Bien Amados Estudiantes de Milagros de Luz,

Como adeptos y maestros aspirantes de todo lo que se está manifestando dentro de vuestro campo áurico, vosotros estáis moviéndoos hacia un nivel de responsabilidad espiritual que involucra la invocación de frecuencias foháticas de Luz Cósmica. Una vez que hayáis purificado vuestro mundo de pensamiento y sentimiento, y logréis sensibilizaros al flujo de radiancia solar de vuestra Presencia de Dios a través del nexo de vuestro corazón, vosotros estaréis listos para ser divinamente enseñados en la ciencia del Fiat, del Fohat y de los Campos de Energía Cósmica.

Un Fiat es una poderosa directiva a las fuerzas divinas que gobiernan la evolución solar de los mundos para que liberen un ímpetu cósmico de radiancia espiritual dentro de un reino particular de actividad, dentro de una situación específica que requiere más que una ordinaria medida de luz intercesora. Usualmente se invoca con un intenso impulso de la voz de donde un rayo como relámpago ascendente de intención es enviado al Uno Divino para que responda segura y rápidamente. Es como un S.O.S. cósmico que es instantáneamente comunicado a los Señores de la Luz, debido a un inminente gran peligro de una o más almas o proyectos espirituales.

Los Fiats deberían ser emitidos desde un punto de gran armonía dentro del plexo solar. Porque si estos van a ser respondidos rápidamente por ministrantes arcangélicos y devas de gozo solar, ellos deben contener un foco concentrado de amor compasivo, una radiancia llena de corazón, de sentimiento empático que es la virtud pura de los verdaderos bodisatvas del Espíritu. Los Fiats nunca deben ser emitidos con ira hacia las fuerzas del mal o desde un estado desbalanceado de conciencia en reacción a las penas y angustias de la vida. Ellos deben contener una semilla-ideación que la gran sabiduría de los maestros de luz y amor adjudicará de acuerdo a los santos propósitos de Dios, produciendo el mejor resultado para todas las corrientes de vidas involucradas.

Los Fiat contienen los elementos centrales del Fohat, los cuales son los poderes co-creativos del universo sellados dentro de la semilla-ideación del Creador. El Fiat original "Que se haga la Luz"[1] produjo una respuesta instantánea debido a que el deseo, intensión e impulso cósmico estaba perfectamente balanceado dentro de la Palabra o emanación Logoica, que estaba más allá y dentro de las palabras habladas. El Fohat puede ser entendido como el amperaje que está presente en los cables eléctricos y que libera la potencia o fuerza de la corriente.

Dentro de las dimensiones superiores y dominios de luz, los Elohim, las Jerarquías Solares, las Cuatro Fuerzas Cósmicas, los Seres Cósmicos, los Constructores de la Forma y los Serafines y Querubines todos participan en la liberación de las energías cósmicas para cumplir las directivas divinas y los deseos del Gran Sol Central, que son graduadas y ajustadas a través de muchas dimensiones y dominios inferiores del ser. La maestría del Fohat es esencial en el entrenamiento de los maestros ascendidos quienes se están moviendo hacia niveles más cósmicos de servicio donde ellos son responsables por la vida más allá del campo áurico de la tierra y de las vidas de sus ciudadanos.

Los campos de energía que están en un constante estado de flujo dentro del aura mayor de la tierra o atmósfera geo-magnética, son monitoreados por el Maestro Cuzco y otros científicos espirituales en su retiro etérico sobre la isla Viti Levu en el Océano Pacífico.

Estos grandes seres sostienen el balance de todas las fuerzas de luz y oscuridad que toman lugar en la tierra, y a través de un tipo de danza dinámica de las horas ellos armonizan todo a través de frecuencias cristalinas de sus grandes Seres Solares. Ellos amorosamente emiten un alto nivel de radiancia lumínica en muchas arenas de actividad humana, mientras estabilizan los cuatro cuadrantes de la Tierra-tierra, agua, aire y fuego- a través de su gran comprensión y maestría de los campos de energía cósmica.

Una vez que vosotros hayáis atestiguado las emanaciones áuricas de los grandes santos del cielo, quienes han entregado sus vidas por la salvación de la humanidad y las evoluciones de la humanidad, vosotros podéis ser inspirados a ofrecer también vuestra propia esencia de vida a favor de la Santa Causa de la Hermandad Universal del Espíritu, la cual trabaja incansablemente por el bien de todos.

De nuevo yo quisiera advertir a todos quienes quisieran comprometer al cielo en el uso de estas más rarificadas frecuencias y poderes celestiales, a que sean cuidadosos y conscientes de que vosotros sois plenamente responsables por su uso justo y por cada alícuota de energía que vosotros invocáis. Muchos discípulos insensatos han llegado a ser aprendices de brujo, a través de un lapsus en su pensamiento puro y consciente, recto motivo y percepción sagaz, cuando las malvadas fuerzas de oscuridad se les han aparecido como ángeles de luz para sacarles de su curso y llevarles a servir a las fuerzas de oscuridad.

La Luz de Dios siempre prevalece cuando la amorosa amabilidad, santa gnosis y la fe en los ideales divinos están presentes y centradas en la vida de un discípulo con discernimiento. Permitid que esto suceda a través de vuestra voluntad de mantener el estado humilde, de ser siempre un servidor de la Luz, mientras también mantenéis la gratitud y la paciencia dentro de vosotros.

Líder de hombres quienes gustarían siempre
seguir el Verdadero Azul de la Voluntad Divina, Yo Soy

Morya

28

EL EFECTO MERLÍN
La Magia de un Maestro Místico

Usando vuestra imaginación y vuestros nuevos ojos de percepción,...
veos a vosotros mismos viviendo una nueva vida, un nuevo sueño, una
vida donde...vosotros seáis libres para ser quién vosotros realmente sois.
- Don Miguel Ruiz, *Los Cuatro Acuerdos*

Benditos Estudiantes de lo Sagrado,
     Dios ha invertido la totalidad de su Divina Seidad dentro de vosotros. Esta inversión puede ser realizada y materializada por el pensamiento divino a través del sentimiento armónico expresado en proyectos activos alquímicos que expanden el aura y sus emanaciones durante su ofrenda.
     Ved ahora a través de los ojos de vuestra mente las emanaciones del aura del Maestro Alquimista, Saint Germain, mientras él está involucrado en el trabajo espiritual de las eras y de esta Era de Amor-Sabiduría en el amanecer de Acuario. Una poderosa liberación de frecuencias solares se incorporan en torno a su mente, corazón y aura, a través de su sintonía con grandes mentes celestiales, quienes co-crean a un alto nivel de seidad en octavas etéricas y más allá. Yo llamo a este proceso sagrado el efecto Merlín.
     Como también vosotros participáis en numerosas actividades y tareas espirituales, a través de vuestro maestro patrocinador, entráis en un campo áurico de presencia que es el proceso de pensamiento

divino que procede a través de vuestro trabajo creativo. El efecto Merlín, es por lo tanto activado, a través de la santa voluntad fluyendo a través de clara atención consciente y es alimentado por el amor puro.

Como vosotros habéis aprendido las más grandes lecciones espirituales en la vida, vosotros habéis observado a menudo, que este fue el proceso a través del cual ampliasteis los horizontes de la conciencia, llevándoos hacia la Seidad, que fue tan importante como la realización de vuestra meta. Con esfuerzo y con la alquimización de luz a través de vuestro corazón, en la medida que las energías divinas fluyeron a través de vosotros para provocar una respuesta por parte de los dominios de Seidad Solar, vosotros comenzasteis a experienciar la avalancha de un nuevo nivel de creatividad, propósito y paz interior.

El efecto Merlín, entonces, ofrece un nivel profundo de bendición para el alma y el espíritu, ya que permite que la gracia del Uno Divino se fusione con vuestra aura y se mezcle con el óleo de vuestro propio don de seidad a través de vuestra obra. Este cambio alquímico se manifiesta casi como una respuesta automática, cuando estáis centrado en vuestra gozosa seidad y os entregáis a lo sagrado dentro de vuestro trabajo.

Todo verdadero alquimista ha descubierto este antiguo secreto, al lanzar los componentes del ser inferior dentro de los fuegos de transmutación del Espíritu Santo, los cuales arden en el altar de experimentación, con luz, la victoria es asegurada y los resultados deseados se acercan. La inspiración viene a menudo cuando lo que ha fallado en obtener un gran avance, es dejado ir a través de una resolución de mantener paz. Las musas del cielo os observan y se dirigen a ayudaros sólo cuando un portal es creado por vuestro amor consciente al morar dentro del santuario del Espíritu a través de la identificación con la voluntad, la sabiduría y el amor de Dios en equilibrio.

El efecto Merlín es sincronizidad cósmica, que se desarrolla naturalmente a medida que vivís en el espacio sagrado del amor, éste fluye mientras entráis en seidad en el Eterno Ahora y vivís en alegría. Es el precursor de una nueva ola del Espíritu que es legítimamente vuestra cuando el yo irreal es repudiado y el Yo Verdadero es aceptado y le es permitido manifestarse en vuestra vida.

El campo áurico de las personas que han utilizado el efecto

Merlín es naturalmente optimista, luminoso y expansivo. Ellos están llenos de partículas de alegría expresiva que impregnan el campo áurico mayor de sus hogares, comunidades y naciones. Al darse cuenta de su potencial a través de las sagradas leyes de la alquimia, su aura brilla con un resplandor divino que es a la vez santo y sereno, tanto hermoso como abundante, a la vez gracioso y generoso.

La mayor clave para entrar en el espíritu de presencia que permite este resultado deseado es la humildad, benditos. Aquellos que están listos para recibir instrucción superior y hasta un gentil aguijoneo de sus maestros patrocinadores, siempre obtendrán mayores beneficios cuando un expectante espíritu de humildad y verdadera piedad guíen sus corazones.

A medida que os eleváis a mayores espirales de Seidad Búdica y alineáis vuestra aura con el aura de vuestro maestro y amigo elegido de luz, la naturaleza de Dios os será revelada, tanto en lo sutil y lo simple, como en lo sublime y lo sereno.

Yo Soy guiándoos hasta la Verdad Total a través del sendero de seidad en la luz de Dios.

Afectuosamente vuestro,

Morya

29

EL AURA DE ILUMINACIÓN
Atención Plena Búdica

El proceso de atención plena nos ayuda a detener la carrera y
a darnos cuenta que la felicidad es posible en el aquí y el ahora...
- Thich Nhat Hanh, *Qué es Mente Plena,*
Video YouTube, 28 de Septiembre, 2011

Benditos Estudiantes de la Verdad Viviente,

Dios ha puesto la esencia de sí mismo dentro de toda vida creada como una semilla ideación y derecho de nacimiento de seidad, beatitud y belleza. Como este plan original de perfección se cumple dentro de la experiencia de vida de cada uno, todos llegamos a la plena realización de la Presencia que culmina en un estado de iluminación. Evolucionar hacia este estado es el derecho inalienable y el destino divino de toda la vida creada.

Un aura de iluminación se manifiesta cuando las verdaderas esencias florales de la Divinidad se emiten dentro del alma y se expanden hacia arriba, hacia el sol del Ser. En este estado de iluminación, el aura se expande también astronómicamente para dar cabida a un nuevo cociente de luz que ya se está manifestando en el Ser Superior y esperando que el alma despierta sienta, conozca, sea y comparta.

Las auras de todos los seres iluminados aprovechan las coronas de pura Individualidad dentro de la Esencia Solar del Uno

Divino. Dentro de esta seidad indiferenciada, la luz se manifiesta de una manera impersonal. Sin embargo, las mónadas individuales que han evolucionado a través de las dimensiones del tiempo y el espacio, ahora pueden vestir a la luz con especificidad y seidad personal, con lo que se logra el fruto de una nueva faceta de expresión de Dios. Cuando un alma llega a este estado de iluminación, la esencia de Dios se hace realidad en un nuevo portal de Presencia que va más allá del vacío cósmico o de las inmanifiestas realidades súper mundanas.

A medida que cada ser creado se esfuerza por cumplir con su propósito y plan divino innato y llega hasta su fuente Solar de inspiración, sabiduría y conocimiento sagrado de las esferas superiores, muchos más que viven dentro del mismo reino de conciencia pueden ser inspirados para aprovechar también el almacén divino de luz líquida dorada, y dar nacimiento a una nueva esencia de la verdad teosófica, una nueva cualidad de virtuosismo divino y felicidad.

Lo que vuestra aura iluminada exhiba, será único en su expresión particular de vuestra naturaleza Búdica, aunque las auras de todos los iluminados muestran la misma cualidad santa y serena de luz, la misma realidad chispeante de presencia. A través de la relación gurú-discípulo o maestro-estudiante muchas partículas del ser solar son transferidas por un proceso divino de compartir protegido, mientras el discípulo absorbe y utiliza los rayos de luz del maestro para avanzar en su trabajo y ampliar sus energías en el microcosmos de su individualidad.

La verdad santa y sabiduría divina nutren el alma con el verdadero alimento del Espíritu que conduce a este estado de iluminación. La verdadera comunión consiste en la conciencia del maestro que está encarnada dentro de sus palabras y de su enseñanza, transfiriéndose en la medida que el discípulo asimila la Palabra y utiliza su totalmente exquisita ofrenda para la mejora y el progreso de los demás. El estudiante se da cuenta de que no es la personalidad externa de su gurú que merece su atención o devoción, sino el campo de energía viva de Seidad Divina que el maestro ofrece a través de sus emanaciones áuricas-verdaderamente la esencia divina de su Superalma.

Cuando vosotros oráis a Jesús, Gautama, Krishna, Kuan Yin, Madre María o cualquier iluminado, daos cuenta que la respuesta a vuestra petición viene como una ráfaga de viento del Espíritu, que es a la vez Paternal impersonal (de la Deidad) y Maternal personal (de la especificidad del maestro). Un verdadero maestro ofrece siempre la luz de su propia Fuente, su Individualidad Superior dentro del Uno Divino.

Desde dentro de este estado iluminado de seidad, el verdadero fruto de toda la experiencia involutiva y evolutiva de una maestra puede abrirse y verse para continuar su trabajo y su palabra, para cumplir con su rol y su propósito, para aumentar su luz y su amor. La maestra siempre desea que sus estudiantes lleguen a convertirse en su esencia por una temporada, así la totalidad de su Auto Maestría puede ser un alimento para un mayor progreso espiritual y alimentación solar. A veces algunos estudiantes superan el nivel de logro de su Maestra, como la maestra ofrece su vida por sus amados para que otros se salven (Self - elevated).

La generosidad del aura de iluminación se manifiesta a través de un proceso divino que es a la vez misterioso y sublime, bello de contemplar y además simple en su proceso de revelación. Una vez que se ha alcanzado el estado de iluminación del ser, la Presencia Solar vierte luz en todos los reinos creados en los que el alma, alguna vez, ha experienciado la vida, porque esencias akáshicas se quedan dentro de estos planos multidimensionales del ser y la Súper Alma derrama luz a través de los circuitos seguidos por el alma, a través de los reinos de una manera hermosa y artística. De gloria en gloria, la luz se expande y envuelve a todos los seres con quienes el alma iluminada ha tenido interacciones o intercambios de energía vital.

No es suficiente buscar vuestra propia eternidad, benditos. A través del Auto Interés Iluminado, el camino es ganado a través del dar con sacrificio, el rendirse al propósito sagrado y el servicio abnegado a la vida. Al elevar a otros, vosotros ampliáis vuestro propio campo áurico de bendición a sus dominios, a sus rutas con el fin de iluminar un camino para las eras venideras.

Los ejemplos de todos los que han alcanzado la liberación y la libertad están documentados en los registros akáshicos, el libro cósmico de la vida, para que los estudiantes serios lean y aprendan. En la mayoría de las veces, el maestro ganó su seidad eterna, siguiendo uno de los preceptos principales de la Hermandad -ser guardián de su hermano y de su hermana-.

A medida que vuestras auras se regeneran a través de los fuegos de amor del Espíritu Santo, sabed que vuestra plena iluminación está cerca, mientras experienciais su esplendor refrescante en mayores incrementos de paz dentro de vuestra Presencia.

Atentamente vuestro en la Luz Eterna,

Morya

EL AURA DE LA TRANSFIGURACIÓN
Un Campo Sagrado de Luz Pura

Entre las cejas hay un tercer ojo, el ojo de la sabiduría.
Cuando este ojo está abierto, una fuente de gozo es liberada,
el universo entero parece fundirse en bienaventuranza.
- Swami Prabhavananda, *El Compañero Eterno*

Benditos y Fructíferos,

¡El camino iniciático avanzado, cuando es totalmente aceptado, es un camino de alegría! La luz es transmitida a través de cada iniciación para la elevación del alma, la expansión del corazón y el pleno florecimiento del espíritu interior. Y esta luz es alegría pura, bienaventuranza divina pura.

Los efectos de hormigueo de luz espiritual que llamamos radiación dentro del campo áurico traen una medida temporal de impulsos que pueden dar lugar a una mejor salud y bienestar, una mayor abundancia y riqueza interior y una visión más positiva de la vida. Cuando esta radiación se incrementa a través de constancia de atención y obediencia a la Presencia Divina, estos efectos se magnifican y el alma se eleva a una nueva gloria divina.

El inicio de la transfiguración[1] viene cuando el templo del cuerpo ha sido preparado a través de purificación y luego a través de una completa identificación con la Divinidad para ser el receptáculo pleno para la luz y el fuego espiritual del Espíritu Santo. Los elementos de la quintaesencia de "el lugar secreto del Altísimo"[2] se expanden a través del portal de la Individualidad para transmutar todos los últimos vestigios del ego humano y el apego a las cosas de este mundo. La transfiguración permite al alma subsumirse a las elevadas vibraciones dentro de la misma presencia viva de la Presencia YO SOY glorificada.

Cuando el aura es limpiada a través de esta experiencia, ninguna condición humana o externa de irrealidad puede ya sostener su influencia en el nuevo dominio de seidad, que el alma experimenta a través de su unidad con la Fuente. La realidad viviente del Ser Solar comienza a respirar fuego espiritual y radiación a través del cuerpo cristalino, electrónico del Hombre y una nueva criatura nace en Dios. Se trata de la aparición de Dios-hombre y Dios-mujer de la crisálida de la Superalma, mediante la cual los patrones Crísticos de identidad se realizan en la vida cotidiana y experiencia.

El aura del iniciado en esta coyuntura está repleta de luz blanca concentrada y está superalimentada con un nuevo ímpetu espiritual de pureza, poder y perfección. El alma exclama, "Puedo hacer todas las cosas a través de Cristo que me fortalece"[3] porque ella se da cuenta de que a través de la unión divina con el Espíritu, todo es posible a partir de la humilde morada del ser que se ha ganado a través de la rendición completa al Santo de los Santos dentro del corazón eterno.

Cuando Cristo subió al monte y se transfiguró delante de los tres que le acompañaban,[4] los cielos se abrieron y otros personajes divinos aparecieron conversando con él. Aunque la conversación no fue registrada por la escritura, que se sepa que gran parte se trataba de los preparativos de los últimos días de Jesús en la tierra y de cómo esta iniciación era preparatoria para su posterior pasión, muerte, resurrección y retorno.

La simbología de esta experiencia es importante de entender en términos de la trayectoria del sendero de iniciación y la apoteosis de todo hombre y mujer, la metamorfosis de lo inferior a lo superior, la transmutación del alma en el Espíritu, y la resurrección final de lo que ha sido entregado a través de la muerte, a la vida eterna. Cada vez que respiráis conscientemente la luz divina y permitís que el Espíritu respire y trabaje su obra sagrada dentro de vosotros, una parte del ser es transfigurado. Transfiguración, como la meta de todas las transmutaciones alquímicas que se están manifestando a diario, es la precursora de la plena resurrección y posterior ascensión en la Luz Una.

Vosotros fuisteis creados a imagen y semejanza de Dios. Esta Individualidad Divina todavía existe como Realidad Superior en potencial, en espera de vuestra Auto-Realización a través de la aceptación total de vuestra Naturaleza Búdica a través de un vivir práctico. Los que desean experienciar la transfiguración deben darse cuenta de que este proceso se produce a través de años, décadas y vidas y que la experiencia iniciática final es simplemente el conferirle al alma el diploma de la victoria en la superación final del ego, la naturaleza inferior.

No hay transfiguración sin rendición a la Voluntad Divina. Porque el nuevo hombre o mujer está representado o escrito en el Libro de la Vida, y es considerado en los reinos sagrados de luz como un coheredero y como un igual, con todos los que se han fusionado con el Cristo y el Buda. El nuevo brillo del aura se vuelve tangible para aquellos alrededor del transfigurado y cada ser ascendido toma nota y está al tanto de los cambios en los reinos inferiores. El hermano se ha convertido en el Maestro. La apoteosis se ha completado.

Benditos corazones, mientras aclaráis vuestra propia posición cara a cara con vuestra Presencia Solar, mientras permanecéis firmemente y seguramente en la luz, todo os será revelado acerca del funcionamiento interno de esta iniciación, y vosotros, también, conversareis con seres angélicos, maestros ascendidos y espíritus celestiales cara a cara. Vuestra luz ya no podrá esconderse debajo de la maleza del ser mediocre, sino que se irradiará completamente el esplendor de vuestra verdadera esencia.

Yo Soy, un defensor de una nueva oleada de Luz Divina para los herederos expectantes.

Morya

31

EL AURA DE LOS INICIADOS, ARHATS Y ADEPTOS
Un Salto más allá del Condicionamiento Humano

Lo que nos retiene de avanzar es nuestra creencia en la dualidad,
nuestra aceptación de una creencia en los opuestos...
como nosotros eliminemos la necesidad por oscuridad dentro de nosotros,
nosotros neutralizaremos su poder en el mundo.
- Dannion Brinkley, *Secretos de la Luz*

Gentiles y Amorosos en Dios,

Hoy día yo os traigo un fuego de estímulo para asistiros en vuestra jornada divina. Porque como vosotros escaláis la escalera espiral de luz a través de vuestro sendero iniciático, vosotros, a veces, encontraréis intentos de los malvados por disuadiros de ir adelante con gozo y con plena fe en vuestro sendero elegido. Vosotros os podéis encontrar experienciando difíciles modos de auto negamiento, mientras simultáneamente abrazáis la Autorrealización en las regiones más refinadas del espacio espiritual. Desarrollar agudeza y acceder a un nivel superior de perspicacia mientras descubrís las más sutiles gradaciones de seidad dentro de esferas superiores, es imperativo para vuestra victoria.

El aura del iniciado está infundida con las energías de expectación y Virya, de impulso y devoción, de determinación y dignidad. Lo que ha sido retenido en alta estima de individualidad fuera de Dios, ya no tiene más valor ni significado. Lo que fue precioso del pasado, pero que ya no se acomoda al escarpado ascenso hacia la cima de la montaña debe ser abandonado y olvidado, se requiere abrazar un estilo de vida más disciplinado donde cada pensamiento, palabra y obra es medido en un nuevo balance.

El iniciado sabe que detenerse por mucho tiempo a considerar las aparentes ventajas de descansar en los bajos valles de la vida, es perder un precioso tiempo y oportunidad. El gran aliento solar es inhalado y liberado a través de los pulmones y una nueva infusión de luz en el corazón es necesaria para sustentar las emanaciones áuricas superiores, que son requeridas para pasar las iniciaciones finales de un verdadero futuro maestro.

Fluye Asistencia desde lo alto cuando la renuncia al ego humano es completa. El iniciado es agraciado y bendecido con energías divinas para incrementar la velocidad de su ascenso, la cual está siempre en proporción con su habilidad para mantener la paz de la Presencia. El viaje que parecía arduo, llega a ser más fácil debido a que el previo peso de los enredos kármicos y las vicisitudes de las pesadillas astrales han sido sobrepasadas. El aura de un iniciado transfigurado es de cristal líquido, cristalizando en una esfera pura de luz

Los Arhats y adeptos de la Hermandad Universal han adquirido maestría en el flujo de todas las energías de vida otorgadas a ellos por Dios y han aprendido a no mal calificar, incluso hasta la más pequeña porción, de luz almacenada. Cada oportunidad para ser útil en servicio amoroso y humilde es bienvenida y respondida con un interno y resonante ¡Sí! Las frivolidades del ser inferior con sus semidulces y a menudo sutiles tentadoras distracciones, ya no asaltan más al devoto estable.

Selladas firmemente dentro del aura de los iniciados superiores, arhats y adeptos hay engramas geométricos sagrados y santas joyas de luz cristalina, que son energizadores y protectores, siendo a su vez, emblemas de su propio logro y de su santo oficio. Los iniciados han tomado responsabilidad por su auto elevación hacia lo Divino, a través de una profunda sabiduría interna que dirige su curso y los impulsa a avanzar.

Haced una pausa para considerar las grandes y radiantes auras de varios de vuestros Maestros Ascendidos, Arcángeles y Seres Superiores, e intentad sintonizaros lo mejor que podáis para ver como podéis emularlos en sus caminos y medios con los cuales ellos progresaron en su sendero a través de una directa y pura comunicación con el Espíritu. Discernid cual es vuestro propósito en la vida, a través de reflexión silenciosa, contemplación, oración y meditación. Cuando vosotros hayáis ejercitado los músculos de vuestra individualidad en esta forma, llamad por la Presencia electrónica de estos Santos Seres y ellos os proveerán un elevamiento, especialmente cuando vosotros estéis temporalmente paralizados o complicados para seguir adelante en vuestro camino.

Benditos, oculto dentro de vosotros hay un santuario de Seidad que contiene todo lo que vosotros requerís para vuestra propia victoria iniciática. ¡Escuchad y obedeced a vuestra propia voz interior!

Trascendente en la alegría de saber
que vuestra liberación está cerca, Yo Soy

Morya

32

EL AURA TRIUNFANTE
Conquistar el Ser es Clave
Para Reclamar Vuestra Victoria

Dar como el sol, amar como el sol...
este es un ideal que debemos esforzarnos por lograr un día.
- Omraam Mikhaël Aïvanhov,
Meditaciones Diarias, 7 de Julio, 2013

Amigos de Lo Divino,

Durante este penúltimo discurso sobre los estudios avanzados del aura humana, me gustaría que nos detuviésemos a considerar la luz que ha sido compartida entre nosotros y el gran gozo que siento en haber liberado esta serie a vosotros y al mundo. Verdaderamente ha sido un honor haber trabajado con vuestras almas y espíritus en el intento de honrar vuestros corazones y mentes con una mayor comprensión de la naturaleza de la Deidad y del funcionamiento del aspecto creativo de su conciencia a través del receptáculo del aura humana y sus fluyentes frecuencias de Luz.

Hoy me gustaría detallar un aspecto de estas enseñanzas esotéricas para aquellos quienes han determinado ser victoriosos y triunfantes en su aplicación de las artes y ciencias espirituales disponibles a la humanidad en esta hora. Tener el sentido de lo inmaculado en la naturaleza, lo Divino dentro de toda vida, y las posibilidades llenas de esperanza en el avance evolutivo, es esencial para manifestar el aura triunfal de los verdaderos maestros de amor-sabiduría. El dirigir la vela de la consciencia a través de una actitud de expectativa gozosa es lo que crea avenidas para la victoria en todas las cosas.

El aura triunfante es la que acomoda milagros, la grandeza de los reinos superiores e intercesión divina. Los devotos, a través de un corazón sintonizado a la bendición y gracia, co-crean lo milagroso en sus vidas porque lo han invocado, al proporcionar el marco y la plataforma para que la experiencia YO SOY de la vida emerja. Cuando uno llama al Gran YO SOY, instantáneamente la Santa Presencia de Naturaleza Divina de uno, responde y provee la luz-energía para el cumplimiento de los resultados más elevados dentro del llamado realizado. El aspirante espiritual ha desbloqueado el genio de la Divinidad a través del acceso a lo Eterno, usando palabras claves internas que atraviesan toda insensatez humana para traer la Seidad Eterna dentro del Ahora.

¡El aura triunfante centellea con luz cristalina, y su esencia flotante permea la atmósfera circundante con un campo de energía de felicidad que trae todo a la Presencia Ordenadora de Paz de gozo solar puro! El aura triunfante ayuda al alma a sintonizarse con su realidad, ya que su potencial de radiación se energiza y activa a través de las frecuencias superiores de luz del Santo Ser Crítico y Búdico. El aura se convierte en el Arco del Triunfo, un portal a través del cual el individuo experiencia una nueva vida divina desde dentro hacia fuera.

El mayor ejemplo de ser triunfante que podéis ver y experienciar diariamente es el sol. Está constantemente transmitiendo rayos de victoria, ríos de luz y corrientes de felicidad, salud e integridad a todos. Al imitar al sol en todas sus formas, naturalmente desarrollaréis el sentido de victoria de vida y co-crearéis un aura victoriosa.

Cuando el sol brilla sobre vuestros esfuerzos, todo está bien. El sol excita lo que está aun espiritualmente inmanifiesto dentro de vosotros para surgir, crecer y florecer dentro de vosotros. El sol descubre lo que ha sido escondido a través del diseño malicioso, ignorante y simpático del tirano ego morador, esa parte de vosotros que bloquea al Yo Real dando pasos al unísono con la marcha de la muerte. Los triunfantes, los Maestros Ascendidos, han venido y os ayudan a expulsar a los habitantes de la oscuridad que os han asaltado, y proclaman vuestra victoria Ahora, asimismo como os ayudan a continuar desarrollando ese sentido victorioso por el resto de vuestra permanencia en la tierra.

Benditos, conlleva Impulso Divino para vencer el Tirón kármico, la atracción gravitatoria y los caminos ilusorios de los inconscientes en esta era. Este impulso es la luz dorada de victoria que corona vuestro trabajo con luz-energía, la cual os catapulta hacia una nueva órbita y reino de seidad espiritual. Es un incendiario positivo, un tipo de tratamiento de choque sagrado que os despierta y acelera con la velocidad del rayo hacia vuestro curso verdadero. Cada victorioso, en algún momento a lo largo del camino, recibió el toque de Midas de una musa celestial para iluminar la mente y abrir el corazón a lo trascendente, a lo bello, a lo divino. ¡Qué así sea para vosotros ahora, Oh Almas!

Mientras vuestros pensamientos, emociones, palabras y obras lleven el fuego espiritual y el peso de la victoria, yo estaré aquí, planeando con vosotros en reinos de Luz y santo Amor.

Por siempre vuestro,

Morya

33

EL AURA DE LA ASCENSIÓN
El Humilde Hereda el Más
Elevado Regalo Espiritual

Sorpresivamente yo estaba envuelto en esta luz dorada brillante.
La luz era más brillante que la luz que emana del sol,
muchas veces más poderosa y radiante que el sol mismo.
Aun así yo no estaba cegado ni quemado por ella,
en cambio la luz era una fuente de energía que abrazaba mi ser.
- Ned Dougherty, *Vista Rápida del Cielo*

Corazones Benditos,

El portal de vuestro corazón es la clave para vuestra ascensión y para la victoria de la luz de vuestra aura. Habéis aprendido del campo áurico de vuestro Ser Superior que se manifiesta a través de vuestra consciencia despierta, vuestra consciencia de lo Divino que fluye a través de la individualidad, mientras el alma experiencia la creación en la forma y en la no forma. Lo sutil que se manifiesta a través del campo áurico se ha hecho conocido a vosotros a través de la Enseñanza que he presentado en estos Estudios Avanzados, que ahora están culminando a través de 33 espirales de luz.

A medida que vosotros las habéis ingerido, meditado en la Palabra y permitido que las Frecuencias que he liberado desde mi conexión mente-corazón con la Fuente, resuenen dentro de vosotros, las gracias de los mundos divinos han fluido a través de vosotros y vuestros campos áuricos que han sido limpiados, purificados, elevados, santificados en luz, y llevados al punto, por vuestra aceptación, donde podéis manifestar un mayor nivel de auto-maestría, adeptado y auto-trascendencia.

Lo que he presentado es un modelo y no es el final de la historia , ya que será permanente a través de vuestros propios estudios continuos de las verdades eternas de la Hermandad Universal de Luz, ambos a través de vuestra conciencia de vigilia y mientras vuestro cuerpo esté en reposo, como vuestra alma viaje a nuestros retiros y específicamente a Darjeeling, donde mucha más enseñanza se entregará, mientras la nueva Oleada del Espíritu fluye hacia aquellos quienes están envueltos en el Soplo Divino, para realizar su naturaleza eterna como luz.

Ved ante vosotros ahora, benditos corazones, el campo áurico de un maestro ascendido. Observad como el flujo cósmico se manifiesta a través de este resplandor de luz sagrada. Ved cómo el cosmos mismo recibe las imparticiones del fuego sagrado y santa seidad, desde aquel quien se sintoniza con el Hub.[1] Él o ella simplemente existe como una esencia solar, como un compuesto de toda experiencia en la mater dentro de los reinos creados y aún plenamente manifestada como una realidad divina, habiendo permitido que la Luz del cielo se funda con su Ser.

El proceso de ascensión mismo permite que el campo áurico sea permeado con las mismas frecuencias de luz que fueron las emanaciones del Uno Divino en el comienzo, en el primer Fiat, generando la semilla-ideación de todo lo que se manifestaría a través de las Palabras: "¡Hágase la luz!"[2] Comenzamos estos discursos con este entendimiento y regresamos a ello nuevamente. Porque la naturaleza de vuestra aura, es luz y siempre lo será. Cuanto tengáis éxito en inculcar dentro de vuestra vida y percepción consciente los matices del Espíritu y lo que la Luz es, vuestra entera vida se iluminará y vosotros seréis elevados en todo lo que hacéis. Vosotros seréis un testigo pleno de la esencia viviente de la Divinidad, Bienaventuranza y Santo Amor.

El propósito de estas series de tres volúmenes de los corazones de los Maestros Kuthumi, Djwal Kul y yo ³ ha sido elevaros y permitiros que podáis fusionaros con la corriente del propio Campo Áurico de Dios de realidad viviente en toda su gloria.

Continuaremos patrocinando a aquellos quienes leen y estudian nuestras palabras y las ponen en práctica dentro de sus vidas a través de los ejercicios que hemos entregado y haciendo todas las cosas de manera correcta a través de una vida vivida para la gloria del Uno Divino. Sí, amados corazones, el aura es la envoltura del alma a través de su curso en el cosmos, su relación a través de los campos de energía de luz, sus ciclos evolutivos y espirales de seidad.

Dios ha concedido este campo de flujo sagrado como un tipo de cáliz para vosotros y a través del cual es posible viajar en vuestra jornada sagrada al corazón del Uno Divino para conocerlo en su plenitud, en su gloria, en su Unidad. Las Bendiciones de la Trinidad, están dentro de vosotros en equilibrio en este día a través de la sabiduría, el amor y el poder.

El Maestro K.H. (Kuthumi), el Tibetano (Djwal Kul) y yo, *sellamos* este testamento sagrado de verdad dentro de los corazones y mentes de los agradecidos en este ciclo de Leo para la victoria de la luz y el amor en todas partes.

Os doy las gracias.

Morya

Dentro de la Luz:
Arte Visionario para Meditación

"Mi arte es mi vida. Es la dimensión interna,
mi propio jardín interior que yo intento reflejar!
- Mario Duguay

Es una gran alegría que nosotros incluyamos aqui diez y seis trabajos de el artista visionario franco-canadiense Mario Duguay para vuestra meditación miestras reflexionáis en los conceptos espirituales de este libro. El arte de Mario bellamente ilustra muchos de los conceptos espirituales internos que vosotros estáis explorando. Mario en si mismo es un estudiante de las verdades superiores y ha compartido en su reciente libro: *Mario Duguay: De l'ombre á la lumiére (Mario Duguay: From Darkness to the Light)*, y también en su sitio de internet (marioduguay. com) que el ha recibido mucha inspiración de las enseñanzas de los maestros Peter Deunov y Omraam Mikhaël Aïvanhov.

Las imágenes de Mario Duguay con sus ricos y vibrantes colores y su forma única de retratar conceptos tales como ser superior, el aura, patrones de energía, frecuencias de luz y espíritus de la naturaleza y seres divinos invisibles, son de las mas alta calidad y posiblemente son las mas sublimes y bellas descripciones de nuestra conexión con el mundo espiritual que se puedan encontrar en caulquier parte de la tierra.

El Despertar

Convirtiéndose en Luz

Llama a la Luz

Ven a la Luz

El Sol Divino

Elevación

El Regalo de Vida

Salud

Ahora

Receptividad

De Vuelta a mi Esplendor

Fuente de la Vida

Hacia la Luz

La Verdadera Naturaleza

Unión

Unidad

ESTUDIOS PRÁCTICOS DEL AURA

Por David Christopher Lewis

Vestida de Sol

Yo quisiera compartir con ustedes una experiencia que tuve con la amada Madre María. El Libro del Apocalipsis habla de... "una Mujer Vestida de Sol, con la luna debajo de sus pies, y sobre su cabeza una corona de doce estrellas". [1] Este elemento del ser de Madre María—de que está vestida de sol—es algo clave a considerar por todos nosotros.

Un entendimiento de nuestra Presencia Solar—nuestro propio centro solar—puede ayudarnos a acelerar nuestra consciencia. Cuando estamos vestidos con el sol de nuestro ser, nuestra Presencia Solar brilla a través de nosotros. Nuestra aura se purifica, se refina, se llena de luz resplandeciente al elevarnos en nuestra propia individualidad en Dios. Esto es algo a lo que podemos y debemos aspirar.

La Tierra y la humanidad están viviendo un proceso de transformación espiritual. ¿Cuál es el destino de la Tierra? El convertirse en un sol. ¿Y cuál es nuestro destino? El convertirnos en un ser solar, una presencia de luz solar. Lo cual ya somos en nuestra verdadera esencia. Y la Tierra, en su verdadera naturaleza divina e individualidad, es también un sol.

Hace varios años tuve un sueño que realmente fue más que un sueño. Estaba yo con un grupo de personas esperando la aparición de Madre María para que nos hablara en un anfiteatro de luz. Yo estaba parado en una de las últimas filas de este anfiteatro, muy, muy alto; así que podía ver desde arriba todo muy claramente. De repente Madre María apareció en lo que llamaríamos un escenario o plataforma. La vi en la gloria divina de su ser inmaculado, con una luz emanando de su rostro -la más bella imagen de femineidad que uno pudiera desear ver-.

La electrificante esencia de su aura elevó mi espíritu de tal modo que me desvanecí, luego me levanté del suelo y empecé a levitar. Yo estaba lleno de dicha divina, sintiéndome uno con su corazón, el universo y toda vida. Inmediatamente Madre María apareció enfrente de mí, me llamó y me llevó a donde podía estar a su lado. Su rostro estaba ante mí y la belleza de sus ojos brillaba con una divinidad tal que no podía ser comprendida humanamente. Yo sentí el impulso de su Inmaculado Corazón.

Ella me abrazó y sentí una descarga de luz cósmica que volvió a fluir por todo mí ser. Mi corazón estaba en éxtasis y yo sentí y supe que nuestros corazones estaban fundidos en uno. Ella me comunicó telepáticamente en ese instante, que efectivamente nuestros corazones siempre serían uno de allí en adelante. Fue un momento cósmico más allá del tiempo y del espacio. La energía de su aura -la Presencia Solar de su ser- fue tan magnánima que es difícil describir ese sentimiento. Yo sentí que empecé una nueva vida ese día—y que yo verdaderamente me había convertido en alguien nuevo.

Estoy compartiendo con ustedes este momento tan íntimo de mi vida por una razón. Madre María mantuvo su unión con Dios, y al hacerlo, se convirtió en una Presencia Solar de luz pura. Esto nos hace pensar en cómo nosotros podríamos hacer lo mismo. Nosotros no somos seres inferiores a la esencia de la semilla original de Madre María. Todos somos creados en la imagen y semejanza de Dios. Sí, ella ha alcanzado este nivel antes que nosotros; sin embargo, éste también es nuestro destino. Así que, al avanzar en nuestro estudio del aura humana para convertirse en el aura divina, emulamos a todos y cada uno de los maestros. Buscamos ser más como ellos, al mismo tiempo que conservamos nuestra esencia única.

Yo creo que cada uno de nosotros puede tener este nivel de intimidad con un maestro o ser divino cuando nos dedicamos a servir a la luz, cuando no somos egoístas y decidimos amar a toda vida libremente. Podemos hacer esto mediante la oración, la meditación, la contemplación y entrando en una más elevada relación con Dios.

En la medida que avanzan en los siguientes estudios prácticos del aura humana, yo sugiero que reflexionen sobre experiencias que pueden haber tenido acerca del aura—en lo que representa como cáliz de luz, un ovoide de fuego sagrado, un vehículo por medio del cual experimentan la vida. Espero que encuentren inspiración y utilidad en mis experiencias y aventuras espirituales durante los siguientes discursos.

LIMPIANDO Y CONSTRUYENDO EL CAMPO ÁURICO

*Los campos de energía influyen en el control de
nuestra fisiología y nuestra salud.*
—Bruce Lipton, *La Biología de la Creencia*

Las prácticas espirituales nos ayudan a aumentar la claridad, iluminación y pureza de nuestra aura. Al ayudarnos a eliminar ciertos hábitos y otras cosas que no están de acuerdo con nuestro Ser Superior, las prácticas espirituales facilitan el tener una comunión más profunda con nuestra Presencia Divina.

Los malos hábitos y otras anomalías pueden ser un problema para nuestra travesía espiritual y se pueden ver en el aura. Voy a distinguir algunos de éstos para que podamos reconocerlos y decidir en cuáles hábitos deseamos trabajar para aumentar nuestra habilidad de invocar, retener y emanar luz.

Una de las prácticas espirituales más importante es centrarse y concentrarse en su Ser Divino y su gran Presencia Solar. Cuando su atención está firmemente puesta en su Fuente, una radiante corriente de luz entra en su campo áurico y naturalmente purifica todo dentro de ustedes porque están alineados con Dios.

El mandamiento de "amar al Señor su Dios con todo su corazón, su mente, su cuerpo, su alma y su espíritu..."[1] es el más importante.

Seguido luego de la decisión consciente que pueden hacer cada día, es el acto trascendental de permitirse así mismo vivir en la luz y de ser esa luz. A través de estar centrados en el corazón—lo que significa experimentar el amor divino—naturalmente van a engendrar un bello campo rosa de energía alrededor de la cavidad del pecho, dentro del chacra del corazón, bendiciéndolos y expandiéndose hacia el exterior mediante la compasión para bendecir a todas las personas con las que interactúan.

Mantener un estado de gracia en percepción divina, dispuesto a escuchar, mientras se concentran en y dentro del corazón, reteniendo así la conexión con esa Presencia de Dios individualizada en ustedes, es otra muy importante práctica espiritual

Aquietar la mente es esencial. De alguna manera, una cierta irracionalidad de la mente carnal[2] penetra, cuando uno no está enfocado ni habitando dentro de la Mente Superior de Dios. Los que no han desarrollado la capacidad de aquietar la mente totalmente—mediante la meditación y el silencio—tienen los campos áuricos borrosos, especialmente alrededor de la cabeza. Si ellos tienen la tendencia de repetir las cosas y repasar memorias de viejos tiempos, esta confusión se vuelve como la estática que acostumbrábamos a ver en la televisión y al escuchar la radio. Esta estática afecta toda el aura y crea una agitación que se extiende al cuerpo emocional y a los patrones de expresión oral.

Si tienen problemas enunciando, pronunciando palabras o hablando en oraciones claras y estructuradas, es especialmente importante para ustedes que se concentren en calmar su mente y sus emociones. Hacer esto aumentará su capacidad de conceptualizar claramente antes de hablar para que sus palabras sean fluidas y su significado sea claro.

Calmar la mente requiere una práctica diaria de meditación, o simplemente quedarse quieto. Cultivar una quietud interior a largo plazo conduce a tener una mayor claridad en el aura—tanto alrededor de la cabeza como por todo el campo áurico. El comprender y practicar esto, puede ayudarles a expresar claramente lo que es esencial mediante sus palabras y mensajes, estando centrados en el corazón en presencia y en paz.

La práctica del perdón limpia el aura de antiguas tendencias y agobios. El perdón nos lava y nos libera de enredos kármicos. Los que no se han perdonado completamente así mismos o a otros mantienen en su aura nudos y anomalías que pueden interferir con su victoria eterna. El albergar odio, falta de compasión, inclusive una suave antipatía hacia uno mismo o hacia otros crea manchas rojas en el cuerpo emocional que se quedan ahí hasta que son soltadas y disueltas mediante el perdón y la comprensión.

Cuando la gente no se perdona, tiene una cierta franja de oscuridad en su aura, la que es una perversión de la cualidad del amor. Aparece como una energía color café malva que es retenida en el cuerpo emocional y alrededor y debajo del corazón.

El corazón que no perdona se endurece—tanto físicamente como emocionalmente—porque los patrones que lo presionan impiden el flujo de luz, y en algunos casos, el flujo de la sangre. Es dañino espiritualmente no resolver temas con otros por falta de perdón.

El corazón que se libera a través del perdón y la compasión, la amabilidad y la misericordia se vuelve radiante, refulgente, lleno de vida. Cuando la dicha y el perdón se manifiestan a través de su ser, el campo áurico alrededor del corazón está limpio, radiante y bello. Y lo que emana del aura entonces, es esencialmente equivalente al aroma que muchas flores naturalmente exudan cuando se abren bajo el sol.

El mandamiento de Jesús de perdonar setenta veces siete[3] y amar a nuestros enemigos,[4] la práctica del Buda de entrar completamente en el estado de no dualidad y ver a toda corriente de vida como si fuera ya perfecta, son verdaderamente esenciales; sin lugar a dudas estas son las mejores prácticas espirituales para limpiar el corazón y el aura de vibraciones problemáticas. Otras prácticas que cultivan el perdón incluyen la oración, la invocación de la luz violeta del perdón, la práctica del Ho'oponopono[5] y las bellas ofrendas de misericordia del *Rosario de Misericordia de Kuan Yin.*[6]

La dieta y el ejercicio afectan directamente al aura. Comiendo una dieta pura (lo que voy a discutir más adelante), los apegos emocionales y problemas que aparecen en la vida de las personas, se pueden resolver hasta cierto grado. Gradualmente, al cambiar su dieta, incrementarán su habilidad para retener pensamientos y conceptos más elevados.

¿Por qué es importante tener una dieta pura? Porque lo que comen se refleja en su aura. El campo áurico de individuos cuya dieta regularmente incluye un exceso de carnes pesadas, azúcar refinada y otras comidas procesadas como harinas refinadas, aceites, etc., frecuentemente causan la acumulación de una especie de energía de mucosidad en la porción baja del cuerpo. Frecuentemente sus campos áuricos no son capaces de mantener una mayor energía-luz o de conservarla resonando dentro de ellos. Por ejemplo, el azúcar procesada y refinada afecta el aura directamente y la capacidad del cerebro de reconocer ideas superiores. Esto hace que el aura se debilite y que sea menos estable, haciendo que sea menos capaz de retener y emanar luz.

El consumo exagerado de chocolate, café y otras comidas y bebidas nocivas también debilitan el aura. Toda substancia tiene un patrón energético. Para simplificarlo y generalizarlo, el café y el chocolate entorpecen la mente y crean una substancia como de color café, como brea alrededor del cerebro y, a niveles sutiles, por todo el campo áurico. Tomar una taza de café o un pedazo pequeño de chocolate al día puede que no sea un problema, pero beber cuatro o cinco tazas de café diarias, o estar adicto a la cafeína o al chocolate puede ser debilitante.

El ser disciplinado en la dieta hace una gran diferencia. La dieta de los adeptos ayuda a mantener la estabilidad del aura. Esta dieta es principalmente una dieta vegetariana, con granos, nueces y semillas; comida que está viva incluyendo granos germinados; fruta recogida del árbol cuando sea posible; fruta seca y cantidades de verduras frescas, especialmente de hoja verde y las que son tubérculos. Los vegetales de tipo tubérculo tienden a estabilizarnos, nos anclan creando una base de equilibrio en nosotros. Por eso la gente que vive en lugares más al Norte, preparan estas verduras adecuadamente, especialmente en el invierno, así son un calmante para el campo áurico y todo el ser.

El ejercicio trae una transparencia natural al campo áurico. El ejercicio físico, la respiración pránica, la risa y el movimiento en general, desbloquean las substancias que evitan que fluya la luz. Si están deprimidos o no están en su cima espiritual, desarrollen una práctica de ejercicio que les guste hacer y que vayan a hacer consistentemente—caminar, irse de excursión, nadar, andar en bicicleta, brincar en un trampolín, yoga o incluso reírse mucho. El ejercicio consistente aumenta la fuerza vital dentro de todo el cuerpo, además de quitar pensamientos debilitantes y hábitos energéticos problemáticos. Cuando hacen ejercicio invitan a la corriente de la Consciencia de Dios a su vida a través del Espíritu Santo.

Hablar constantemente—y más aún al chismear—desarrollan un patrón de energía alrededor del chacra de la garganta que es completamente opuesto a la Palabra de Dios viniendo a través de nosotros. Este modo de hablar encadena a la Palabra, limitando la luz que puede venir a través de nuestra consciencia porque no se puede confiar completamente en que hablemos sin causar daño, o en que digamos solamente la verdad.

El chisme y hablar mal de otros crea un patrón irregular en el aura que se ve como rayos negros saliendo de la boca. Los que chismean constantemente, emiten del chacra de la garganta un patrón energético que se ve como pequeñas culebras. Es importante observar las palabras y tener cuidado de decir sólo palabras positivas y con amorosa consideración para limpiar el aura en el área de la garganta.

Ciertos tipos de hábitos negativos o paradigmas crean símbolos dentro del campo áurico, que indican una propensión en particular, que el individuo no ha vencido aún. Por ejemplo, alguien con un problema serio de alcoholismo puede tener imágenes de latas de cerveza o botellas de vino y licor dentro de su campo áurico, así como también una entidad turbia con una boca distorsionada, cuya principal función es succionar la luz de sus víctimas mediante sus hábitos. El problema de fumar también puede aparecer en el campo áurico alrededor de la espina dorsal y el cuello como una entidad repugnante que se ve como una versión gigante del gusano del tabaco.

Una de las peores entidades que está ahora creando una plaga en nuestra sociedad y por todo el mundo es la entidad de la marihuana. Trabaja en la mente de sus víctimas para convencerlas que las puede ayudar con sus problemas y, en el caso de la marihuana medicinal, con sus dolores y molestias. Temporalmente les da una sensación de bienestar mientras sutilmente succiona la luz del cuerpo astral por el área de la cabeza. En cada caso en que he observado a los que fuman marihuana, hay un patrón de energía negruzca alrededor del cerebro, indicando el entorpecimiento de las funciones motoras superiores de la persona. Este patrón de energía eventualmente les roba la habilidad de discernir entre la verdadera luz espiritual y su opuesta—el cual es una sombra plateada de consciencia astral extraña a su ser, que los influencia completamente a racionalizar su hábito. Las adicciones a ciertas substancias definitivamente tienen un impacto negativo en sus auras. Si ustedes tienen tal hábito, ¡vencerlo será una gran bendición para su aura!

Los apegos que tenemos a las cosas mundanas—las que no son esenciales para nuestra vida y nuestro viaje espiritual—también se pueden ver en el campo áurico. Las anomalías se pegan en diferentes áreas del aura, de acuerdo con la clase de atadura. Por ejemplo, si uno está aferrado a un sistema de creencias, se puede ver un símbolo dentro del cuerpo mental, alrededor de la cabeza.

Todos tenemos ciertos apegos a este mundo, de otra forma no estaríamos aquí. Todos y cada uno de nosotros tenemos algo en que debemos trabajar para vencer, limpiar y purificar nuestros campos áuricos hasta que sean Centros Solares de luz blanca pura de increíble y radiante energía.

Otros problemas y hábitos registrados en el aura son las deudas pendientes, promesas que no se han cumplido y proyectos que no se han terminado, los que las personas saben que son esenciales de cumplir. Completar un proyecto específico es frecuentemente esencial para la misión que una persona debe cumplir en su vida.

Las obligaciones pendientes se ven como pequeñas piezas de un rompecabezas flotando dentro del campo áurico, energías poco cooperadoras que están formadas de palabras, promesas y compromisos que no se han cumplido. Una deuda a otros aparece en el aura, como si fuera una cifra en rojo en un libro de contabilidad. Es en realidad un cargo a sus cuentas y la cantidad de la deuda está a veces enumerada en el aura. Estas deudas son como un paño mortuorio que verdaderamente puede abrumarnos porque son obligaciones kármicas que tienen un peso astral.

Si tienen deudas u otras obligaciones no cumplidas, escriban la naturaleza o la cantidad de las deudas y a quién se las deben. Desarrollen un plan para pagar esas deudas tan pronto como sea posible y sigan ese plan. Cuando lo hagan, estarán libres de esos bloques, esas cifras en rojo de energía en su campo áurico. Liberarse del peso de esas deudas dará un gran aumento de energía a sus vidas.

Muchos de nosotros tenemos deudas a largo plazo— incluyendo hipotecas y préstamos de autos. Cuando ustedes pagan esas deudas regularmente y a tiempo, eso no es la misma cosa. Las deudas que agobian el aura son aquellas en que han dado su palabra a una persona o institución—ya sea que hayan firmado o no un documento o les hayan dicho cuándo van a pagar, pero no han cumplido con sus obligaciones. El peso de estas deudas pendientes se acumula. Algunas personas tienen el hábito de pedir dinero prestado y no pagarlo. En tales casos un pesado paño mortuorio se puede ver claramente como una energía polvorosa en una porción del aura; y esto nubla su capacidad de recibir más abundancia, luz e iluminación divina. Cuando pagamos nuestras deudas pendientes y otros tipos de obligaciones que no habíamos cumplido antes, el cielo derrama su abundancia y tesoros a nosotros porque sabe que somos confiables para pagar lo que debemos.

Inapropiados o excesivos apegos emocionales y fantasías— tales como tener una atracción por alguien, cuando sabemos que una relación con esa persona no sería apropiada—crea un tiraje emocional que debilita el campo áurico. En la medida que el aura se debilita y se expande, estas energías dañinas salen en busca del objeto de su deseo y debilitan la habilidad de esa persona de retener luz. El aura de los que tienen un apego incorrecto se contrae y disminuye en luminosidad en vez de estar clara, radiante y expansiva.

Si ustedes sienten un tiraje energético por alguien, libérense de esa energía para poder retener la autonomía de su ser. Los que son bien parecidos, en vida pública o son destacados en su trabajo pueden a veces volverse objeto de indeseable atención o fantasías. Puede que sientan u observen la mirada de otros sobre ellos. Si ustedes sienten esto, protejan su energía y campo áurico para no permitir que los deseos de otros agoten su energía.

Mediante la visualización, oración y aceptación, ustedes

pueden crear un campo de energía protectora a su alrededor y dar a sus auras resistencia. Protegerse con el Tubo de Luz de Cristal Diamantino sellará sus auras en una esfera impenetrable de luz azul y blanca. Ninguna aberración mental o emocional, u "hondas y flechas de mala fortuna" podrán afectarlos. Serán libres de ser quien realmente son: ¡Un ser bello y radiante!

Si rezan antes de dormirse, el Espíritu Santo los va a ayudar durante el sueño para que se rejuvenezcan completamente y tengan experiencias místicas mientras su espíritu vuela en reinos más elevados de luz. El poner su atención en la luz divina, naturalmente produce una limpieza en sus cuerpos físico, emocional, mental y el de la memoria. El descanso, la recuperación y la quietud regeneran sus auras y permiten que la Luz de su Presencia fluya más fácilmente a través suyo.

Es importante tomarse tiempo para el reposo, la recreación y el silencio—especialmente en contacto con la naturaleza, para recargar sus auras con la luz del Espíritu Santo. De otro modo nuestro trabajo y otras actividades pueden drenarnos, esto no quiere decir que debamos ser flojos. Las personas que activamente hacen su trabajo espiritual y su labor sagrada, naturalmente se regeneran, debido a que el movimiento ayuda a generar la luz espiritual. Ya sea que estemos haciendo trabajo mental principalmente, trabajo físico o una combinación de ambos, el acto de servir a otros también se extiende a nuestro campo áurico como una bendición.

A través de las prácticas espirituales del perdón, estar centrados en el corazón, estar enfocados en nuestra Presencia Divina, tener una dieta correcta, hacer ejercicio, reírse, respiración pránica, tener cuidado con nuestras palabras, pagar nuestras deudas, eliminar hábitos negativos y apegos, rejuvenecernos con amplios períodos de descanso y recreación, nos ayudan a limpiar, purificar y fortalecer nuestras auras para que podamos vivir vidas felices y productivas.

EXPERIENCIAS CERCANAS A LA MUERTE

Dominando nuestras Emociones y
Expandiendo nuestra Realidad Solar

Las almas no empiezan y terminan-son perpetuas. La muerte no es el final; sólo significa existir en una forma diferente en el mundo Eterno.
—Marlo Morgan, *Mutante Mensaje desde lo Eterno*

Yo tuve una experiencia cercana a la muerte cuando tenía diez años— aunque fue un poco diferente de las historias dramáticas que leemos en libros de Experiencias Cercanas a la Muerte. Casi me ahogué cuando estaba nadando en una piscina pública de mi pueblo, un bello día de verano en 1966. Esto fue lo que pasó:

A los diez años yo creía que nadaba muy bien, aunque no había tomado clases de natación. Generalmente yo nadaba en la parte menos honda y había aprendido a respirar y nadar al estilo libre. No obstante, nunca me había tirado del trampolín y mis amigos me habían estado animando a que lo hiciera, diciéndome que era muy divertido. Así que finalmente decidí hacerlo. Mis amigos me dijeron que era fácil—sólo tenía que brincar al agua, esperar hasta que llegara a la superficie y luego nadar a la orilla. Lo que no me dijeron es que tenía que hacer un esfuerzo para llegar a la superficie—si quería vivir. ¡Qué sorpresa me esperaba!

Pues bien, salté del trampolín, contuve la respiración y esperé... y espere... y esperé. Luego me desmayé. Lo primero que sentí fue una presión en el pecho cuando unos fuertes brazos me sacaron del agua. Cuando estaba acostado al lado de la piscina con los ojos medio cerrados, vi docenas de niños acurrucados junto a mí mirando mi cuerpo tembloroso y preguntándose si yo iba a sobrevivir. Bueno, viví para contar la historia.

No, yo no tuve una de esas sorprendentes experiencias de salirse del cuerpo, donde pasé por un túnel oscuro hacia la luz, encontrándome con Jesús u otros seres divinos. Sin embargo, como casi me ahogué, sentí un intenso miedo a la muerte, lo que después tuve que vencer. Aunque los salvavidas intentaron que yo me metiera otra vez a la piscina a nadar para quitarme el miedo al agua, yo estaba demasiado avergonzado y sólo quería irme a mi casa. Cuando pienso en esa experiencia me doy cuenta que algo profundo se despertó en mí—aunque no me metí a la piscina por tres años y no me tiré del trampolín otra vez hasta que tenía catorce años cuando estaba en mi primer año de la escuela secundaria, lo que sentí a nivel del alma fue el recuerdo de una vida pasada cuando me ahogué en un río. El "registro" aparentemente salió para "ser transmutado." Aunque no tenía que ahogarme ese día, fue una oportunidad para vencer un profundo temor. Afortunadamente, Dios y sus ángeles trabajaron mediante el salvavidas y yo recibí la bendición de vivir otro día, otro año y más.

En retrospectiva veo que lo que fue un reto para mí entonces, se ha convertido en dicha en mi vida y es la mayor parte de mi rutina de ejercicio semanal para mantener una buena salud y bienestar. Me gustaría animar a los que no saben nadar a que se reten a si mismos a tomar clases de natación, aunque ya sean adultos. Aprendan a usar los brazos, piernas y pulmones para navegar en el agua y vencer cualquier miedo que tengan—como el miedo que yo tuve durante esos años de mi pre-adolescencia. Esto puede proveerles con una sensación de plenitud y entonces podrán disfrutar estar en el agua, comunicándose con las dulces ondinas y los devas del agua.

El agua representa nuestros sentimientos o el cuerpo astral. Aprender a nadar nos permite adquirir mayor maestría sobre nuestras emociones y sobre el plano astral mismo. Cuando no tenemos temor, podemos fácilmente navegar por el plano astral hasta llegar a los planos etéricos superiores, donde viven, se mueven y tienen su ser muchos seres divinos. Al ganar maestría sobre el agua, desarrollamos un aura mucho más radiante y bella. La mayoría de la gente en la Tierra vive en un estado atascado de inconsciencia y tiene un aura turbia y estancada, porque continuamente absorben emanaciones astrales mediante los medios de comunicación y la falta de auto maestría de sus emociones y su cuerpo astral.

El aura refleja la subida y bajada de nuestras emociones porque ahí es donde reside la mayor parte de nuestra consciencia. Vivimos a través de nuestros sentimientos y la amplia extensión de emociones que sentimos aparece instantáneamente en nuestro campo áurico. Podemos quedarnos atorados en lugares y paradigmas que no nos sirven—en formas de pensamiento y estados emocionales—los cuales nos impiden progresar espiritualmente hasta que algo o alguien viene, sacude las cosas en nuestra vida, y así decidimos cambiar. Nuestras auras pueden permanecer opacas y faltas de claridad y vitalidad hasta que decidimos dominar nuestras emociones y convertirnos en una bendición para toda vida.

En nuestro movimiento espiritual tenemos un mantra favorito que nos gusta decir y cantar y es: "Yo vivo, me muevo y tengo mi ser en una luz viviente, líquida, de cristal diamantino."[1] Nuestro campo áurico es un campo de energía vivo, móvil, líquido de luz cristalina. Cuando cantamos esta oración, limpiamos el aura para así poder aumentar nuestra Consciencia Solar.

Los que pueden ver el aura mediante la clarividencia, notan la naturaleza cambiante del aura y de los patrones que fluyen dentro del campo áurico. Nosotros tenemos un aura humana y también tenemos un aura divina, la que emana de nuestra Presencia Solar. Desde esta Presencia Solar—o Presencia YO SOY—fluyen emanaciones, o radiantes ondas de luz, tal como el sol de nuestro sistema solar envía radiaciones. Todo Maestro Ascendido es uno con la Presencia Divina y está viviendo, moviéndose y teniendo su ser dentro de esta gran Luz de Dios, hay una radiación espiritual emitida por cada ser libre en Dios en el reino celestial. Aquellos que están sintonizados a las frecuencias superiores ven la esencia de la luz o seidad de un Maestro Ascendido, notan el increíble campo de luz-energía que emiten y sienten su amorosa radiación.

Un maestro como Omraam Mikhaël Aïvanhov[2] puede irradiar pura luz blanca y dorada, haciendo milagros porque como un ser Solar, entiende su verdadera naturaleza y propósito. Él encarnó en la Tierra y mediante un proceso gradual de evolución espiritual, se armonizó con el sol y con otros seres estelares, convirtiéndose él mismo en un verdadero sol. Ésta es nuestra meta y propósito.

Esta es la belleza de la atención plena de Dios que fluye mediante la mente Crística y Búdica de los grandes maestros. Los campos de la gran Luz de Dios fluyen a cada persona en el salón o dondequiera que una transmisión divina, que llamamos Emanación del Corazón, sea dada. Por el poder y gracia del Espíritu Santo, cada uno recibe exactamente lo que requiere en ese momento. Un concepto o declaración puede tener un profundo significado para un individuo; otra idea o historia puede ir directamente al meollo de un asunto para otro devoto. Colectivamente, todo el mensaje del Maestro es para todos. Sin embargo, la especificidad de las palabras capturadas por la gracia e inteligencia del Espíritu Santo permiten que ocurra una maravillosa bendición que lo integra todo. Se manifiesta mediante el mayor campo áurico del Maestro, el cual rodea el entorno y cada corriente de vida que esté allí.

Es importante para nosotros que entendamos esta dinámica espiritual. Aunque aparentemente estemos en un estado pasivo como receptores de esta luz mientras estamos escuchando y viendo mensajes de los Maestros, hasta en grabaciones[3] podemos verdaderamente ser participantes activos a través de un pequeño cambio en nuestra consciencia. Los Maestros esperan que desde ese momento expandamos la luz de sus palabras y que trabajemos en los dominios de nuestras propias esferas de influencia—nuestras familias, nuestras comunidades, nuestras ciudades y nuestras naciones.

Debemos darnos cuenta que todos somos maestros en formación y estamos llegando a ser adeptos. Cuando nos involucramos a este nivel, podemos hacer mucho más trabajo que si simplemente estamos medio dormidos o sólo viéndonos a nosotros mismos pasivamente, en un modo receptivo. Nos ponemos el manto del

Maestro cuando tenemos un papel activo haciendo brillar la luz y usamos nuestros chakras, nuestras devociones y nuestras prácticas espirituales en todo lo que hacemos. Aumentamos el campo de energía de nuestra aura para bendecir a la vida—hasta en los lugares donde hemos vivido y caminado antes—porque a través de una magia divina continuamos bendiciendo a aquellos con los que hemos estado conectados en el pasado.

Aún cuando uno no esté siempre consciente externamente de esto, internamente—al nivel de nuestra Presencia Solar—eso es lo que está ocurriendo. Cuando ustedes entienden y reconocen este concepto realmente—de modo que por lo menos en parte estén permitiendo que vengan estas bendiciones al enfocarse en su Presencia Divina— el proceso se vuelve aún más poderoso y activo. Los que meditan regularmente y penetran profundamente en las esferas solares de consciencia de su Cuerpo Causal y su Presencia Divina, empiezan a experimentar este fenómeno y sienten las ondas de luz de su Fuente Solar. Durante nuestras meditaciones, podemos pedirle al Señor que nos use como instrumentos, utilizando nuestros campos áuricos para agraciar la Tierra con una divina presencia de dicha y amor eternos. Muchas santas gracias del Espíritu comienzan a fluir a través de nosotros cuando involucramos al universo en esta dinámica.

El tiempo no existe en las esferas superiores de consciencia en la misma forma en que lo experimentamos en esta dimensión. No obstante, mediante el aura vemos nuestro pasado, presente y futuro capturado y manifestado, en una forma muy discreta y simbólica mediante la interacción de engramas y sorprendentes formaciones de colores, con gradaciones de luz y sombras que resaltan. Es como una videografía multidimensional, que los adeptos pueden ver gracias a su visión interna que está abierta y desarrollada. Nuestro libro de la vida es un registro akáshico específico de cómo nosotros nos hemos comportado en nuestras numerosas vidas, incluyendo las decisiones que hemos tomado, las victorias que hemos tenido, en quién nos hemos convertido y mucho más.

Muchos han oído hablar de la revisión de la vida. Algunos de ustedes pueden haber tenido una revisión internamente, cuando llegaron al punto de haber pagado 51% de su karma, aunque no sea un recuerdo consciente. Muchos de las personas que han pasado por experiencias cercanas a la muerte describen panorámicas fantásticas, con presentaciones de multimedia, donde uno siente todo lo que uno experimentó en todas sus vidas, así como los sentimientos de todos aquellos con quienes uno interactuó. A mí me gusta la película La Máquina del Tiempo, porque muestra la aceleración del tiempo y lo que puede ocurrir en décadas, cientos de años y hasta milenios en un corto período de tiempo. Lo que me fue mostrado, es que dentro de nuestra aura, el proceso de revisión de la vida está envuelto en una distintivo archivo dorado hecho como de cristal, el cual algunos adeptos pueden leer e interpretar con un permiso especial. El Padre Pío, Peter Deunov, Babaji y Mark Prophet son algunos de los maestros que claramente lograron este maravilloso don espiritual.

El Padre Pio recibió a muchas personas para confesión en la Iglesia Católica. La gente le confesaba la mayoría de sus pecados y las cosas de las cuales se arrepentían de haber hecho. Cuando dejaban de hablar, les preguntaba: "¿Ya terminó?" y le contestaban que sí. Entonces él les respondía: "Pero ¿qué tal cuando hizo esto y lo otro?" Así que él podía leer el registro de su vida. ¿Cómo hizo esto? Él era clarividente y tenía los dones del Espíritu Santo. El los usaba discretamente y sólo para ayudar a todos aquellos a los que servía y por quienes rezaba.

Peter Deunov ya sabía el futuro de Mikhaël Aïvanhov cuando su joven discípulo tenía menos de veinte años. Él podía ver más allá del tiempo y ser testigo del destino del alma de este maestro y santo encarnado, porque los elementos de lo que estaba planeado antes de que él encarnara estaban dentro del libro de la vida de Mikhaël Aïvanhov, el futuro maestro Omraam. Debido a que Peter Deunov se había preparado con disciplina para poder leer e interpretar los registros akáshicos cuidadosa y correctamente, se le dio permiso y así pudo dar a Mikhaël cierta información. Sin embargo, no se la dio toda, solamente algunas pistas. Ustedes pueden leer acerca de esto en las numerosas biografías o trabajos autobiográficos de Omraam Mikhaël Aïvanhov.

Dannion Brinkley , quien ha escrito y hablado extensamente acerca de sus experiencias cercanas a la muerte, describe que los registros akáshicos están contenidos en una especie de huso, un huso de cristal diamantino dorado de luz sellado dentro de nuestro campo áurico, el que ciertas personas sensitivas pueden leer. Con este concepto en mente, me gustaría darles mayor entendimiento de lo importante que es mantener la integridad de nuestras energías de luz en el aura.

Cuando deseamos que piensen bien de nosotros respecto del valor de nuestra inteligencia—especialmente la que hemos adquirido en nuestro estudio de enseñanzas esotéricas—podemos empezar a esconder un sutil orgullo espiritual. En una etapa de mi propia vida, mi maestro espiritual me castigó fuertemente por este astuto vicio. Yo he trabajado diligentemente durante varios años desde ese incidente para vencer el orgullo espiritual, prometiendo siempre mantenerme como un humilde líder servidor. Hoy me he vuelto más sensible a esta prueba que se manifiesta en la vida de varios discípulos, quienes por falta de humildad han ignorado instrucción dada por los maestros de sabiduría. Estos individuos gradualmente aceptaron un estado inferior de consciencia. El cambio se mostró dramáticamente dentro sus auras, cambiando su colorido de un vibrante azul blanco a un oscuro gris plateado, virtualmente, de la noche a la mañana.

No importando dónde estemos en nuestro sendero espiritual, si somos orgullosos, arrogantes, rebeldes en contra de nuestra Fuente Divina, o mostramos ego de cualquier tipo, especialmente si vemos a otros como el problema en vez de trabajar en nosotros mismos, podemos acabar dándole la espalda a la luz. ¡Qué triste estado! La duda, el temor y el cuestionamiento humano son también aberraciones engañosas mentales y emocionales que ponen en peligro nuestra capacidad de mantener un campo de luz radiante a nuestro alrededor. Cuando dudamos de la existencia de Dios y de los Maestros Ascendidos, se abre un punto de oscuridad en el aura en el cual, espíritus malignos pueden influenciar y con el paso del tiempo expandirlo. Si no tenemos cuidado, entidades astrales pueden penetrar en nuestra mente inconsciente y subconsciente, haciéndonos susceptibles a muchos problemas mentales y emocionales. Les ofrezco esta advertencia para que todos podamos continuar viviendo con auras centellantes, en un resplandor y brillo de color pastel, que bendiga a toda vida.

Cuando nos involucramos con Dios en nuestras sesiones de oración, en amorosidad, compartiendo y con amabilidad, sentimos exactamente lo contrario de lo anterior. La luz empieza a crecer y expandirse, evolucionar y acelerarse dentro del aura. En la misma forma como le hacemos un orificio a un huevo y le sacamos la yema y la clara preparando la cáscara para pintarla en la época de Pascua, así Dios nos prepara con una nueva realidad solar, con una nueva esencia de luz. El poder espiritual de nuestra Presencia fluye a través de nuestro cuerpo electrónico, mediante el cordón de cristal desde nuestro Ser Superior, pasando a través del mediador—que es su propio Ser Crístico—moviéndose hacia abajo hasta llegar a la coronilla. Luego es anclado en el corazón y se expande desde allí hacia afuera.

Mantengamos nuestra conexión divina con nuestra Fuente por medio de la atención en nuestra Presencia, en nuestro corazón y en el fuego intenso de Dios dentro de nosotros. Veamos y sintamos la misma realidad dentro de cada persona con quien nos encontramos. Permitamos que la luz de nuestro campo áurico evolucione continuamente a ser una gran realidad Solar porque estamos haciendo decisiones conscientes, sabiendo que como el Maestro Omraam dice, tenemos una revisión diaria de vida al fin de cada día. Nosotros podemos perdonarnos a nosotros mismos y perdonar a otros, ver en el espejo, observar nuestra propia consciencia, ver lo que hemos hecho cada día, rezar y enmendar nuestros errores—sintonizarnos y seguir adelante.

El perdón, la misericordia y la compasión son clave en este proceso. Si en cualquier momento sentimos apego al pasado, si parece que no podemos evitar sentir disgusto por un individuo, o el recuerdo de cosas que pasaron con ex-cónyuges o personas que sentimos nos han hecho algún mal o nos han rehuido—entonces simplemente debemos dejar ir esos sentimientos. Laven esos sentimientos, oren: "Te amo. Lo siento. Por favor perdóname. Gracias." Esta oración de Ho' oponopono es bella y funciona.

36

SENTIR ES VER
El estudio de la Luz Solar
y el Aura de un Místico

Un enfoque holístico es ver los mundos interiores, no como una jerarquía
con niveles, sino como una ecología de los estados del ser y consciencia
interconectados e interdependientes entre si.
—David Spangler, *Aprendiz del Espíritu*

Sentir es ver, y ver es uno de los cinco sentidos principales. Si ustedes han estudiado la explicación científica de cómo funciona la vista, saben que los ojos son órganos delicados, receptores asombrosos de todo el estímulo que recibimos, los que quedan impresos en nuestro cerebro—y por lo tanto impactan nuestra consciencia. Hay numerosos aspectos, tanto de la vista externa como la interna, a los que podemos sensibilizarnos cuando trabajamos en nosotros mismos e invitamos al universo a abrir nuestra visión para ver los más resplandecientes reinos de luz. Un alma más desarrollada puede finalmente despertar la visión del tercer ojo, pero sólo cuando esté lista para una caminata más elevada con Dios.

Los pintores y fotógrafos frecuentemente desarrollan una intuición de la luz física y espiritual gracias a que estudian colores, matices, la intensidad y la perspectiva de su obra. Ellos saben que lo que vemos y bebemos a través de los ojos afecta nuestra consciencia. Como resultado, a través de sus dones y talentos, abren una ventana o portal para que el observador vea las ideas y sentimientos que están deseando comunicar mediante su arte.

Al contemplar al sol temprano por la mañana, he descubierto que viendo sus rayos bailando y jugando en el Valle del Río Yellowstone, en las montañas, en los árboles y en las casas donde vivo, me da un mensaje personal para ese día. La luz del sol se ha convertido en una metáfora para mí—claramente enfatizando lo que estoy listo para ver, dominar y llegar a ser en mi vida.

Consideren la dinámica espiritual de las sombras y sus diferentes tonalidades. Cuando estamos experimentando considerables retos emocionales, mentales o físicos, frecuentemente tenemos anomalías que aparecen en el aura como sombras. Cuando se reconoce el origen de nuestros problemas, siendo abordados y resueltos mediante la ciencia espiritual, los aspectos oscuros de nuestra aura se disuelven y desaparecen. Una vez que nuestra lucha interna se sosiega, todo el resplandor del Ser Superior empieza a fluir a través de nuestras auras. Es una gran cosa vencer la "tristeza del ser irreal" porque entonces es cuando nuestras auras se vuelven azul cristalino y empiezan verdaderamente a brillar.

Todos nosotros en realidad sentimos el aura a través de nuestro corazón, a través de nuestros sentimientos "superiores"— nuestra intuición o conocimiento interior. Esto ocurre incluso antes de que nuestro tercer ojo pueda estar completamente abierto para poder ver los colores del aura y los aspectos más sutiles del campo áurico, e interpretar correctamente su significado. Cuando estamos en el aura de un verdadero maestro, muchas veces somos avivados a sentir y conocer un nuevo sentido de presencia, de paz interna e integridad.

Hay un ejemplo en mi propia vida el cual es un poco gracioso. Mi primera esposa y yo fuimos a un baile en Montana y al entrar en el salón de baile, nos recibió mi maestra espiritual y su esposo. Al darle la mano recibí una intensa carga de energía la cual fue liberada y transferida a mí a través de mi mano, luego pasó a mi brazo, luego a mi corazón y de allí pasó a través de todo mi ser—desde la cabeza a los pies. Casi brinqué fuera de mi cuerpo (y probablemente lo hice por un segundo), pero aun así pude mantener la compostura.

Lo único que puedo decir es que durante el resto de la noche todo fue muy emocionante y yo fui sostenido en la luz y el amor de este nuevo impulso de dicha divina. Bailé toda la noche en un éxtasis de bienaventuranza, habiendo sido testigo del poder del aura de mi gurú espiritual y de lo que ella podía transmitir con un simple apretón de manos.

Mucho de lo que observamos en nuestra vida cotidiana no se convierte totalmente en parte de nuestra consciencia porque no somos lo suficientemente sensibles para permanecer en el Ahora. Cuando desaceleramos nuestros sentidos exteriores y nos volvemos hacia adentro a través de practicar la quietud interior, aceleramos los sentidos divinos que nos permiten conocer nuestra naturaleza búdica. Cuando estamos ocupados haciendo cosas, hay menos oportunidad de ser y de experimentar el resplandor del aura de musas, ángeles y seres divinos que pueden ayudarnos e inspirarnos. Como mi gurú solía decir: "Alcanzar la victoria no toma tiempo, sino armonización."

En varias ocasiones a lo largo de nuestras vidas, muchos de nosotros hemos sido engañados por individuos que pudieron esconder sus verdaderas intenciones. Si hubiéramos observado atentamente sus intenciones a través de su aura—sensibilizados mediante la presencia de lo que estaba dentro de ellos—hubiéramos podido discernir sus verdaderos propósitos, al escuchar sus palabras. Por lo tanto, es una gran ventaja desarrollar una mayor sensibilidad y después escuchar a nuestro corazón.

El sol ve a través de todo y todo lo sabe. Su radiante energía penetra a través de los objetos físicos y bendice al justo y al injusto por igual. Nada se puede esconder de la sabiduría e iluminación del sol. Cuando seamos como el sol, alineados y sintonizados con nuestra Presencia Solar, nosotros también vamos a tener perfecta discriminación y discernimiento.

El estudio de la radiación solar, de los rayos del sol, es importante para la nueva era. Hasta ahora no comprendemos completamente la composición de los rayos del sol. Una nueva ciencia acerca del sol está aflorando, por medio de la cual individuos iluminados se están enfocando en los mensajes diarios del sol para nosotros. Mediante la delicada instrumentación de su propio ser interior, se están despertando lo suficiente para sentir e interpretar lo que el sol nos está hablando y comunicando hoy por hoy. Mediante las sagradas ciencias de contemplación del sol y meditación solar, todas las cosas están siendo reveladas y verdades más elevadas están posicionándose en un primer plano.

Los grandes maestros de sabiduría de Oriente y Occidente han aprendido esta ciencia mediante reflexión y meditación. Dios, en la más alta sabiduría dentro de su pura visión, les revela exactamente lo que requieren. Los místicos y santos pasan más tiempo en silencio y reflexión, por lo tanto menos tiempo en el mundo exterior de sombras y oscuridad. Porque el sol reside dentro y es ahí donde esa sabiduría se manifiesta.

El aura es un campo de energía que está constantemente moviéndose, transmitiendo y cambiando de acuerdo a nuestra consciencia y nuestras decisiones conscientes al usar nuestro libre albedrío, nuestra mente y nuestro corazón. Aquellos que están impregnados en verdades espirituales, siempre buscando conocer más a Dios, a través de la claridad de su conciencia, su aura se convierte en una diadema de cristal, un campo emitiendo dicha divina, resplandor y amor, refrescando y renovando así el mundo por medio del su Espíritu.

Éste es nuestro destino—permitir que las energías del amor, sabiduría y poder divinos fluyan a través de nosotros. Estamos abriendo nuestro corazón y permitiendo que la divina canción del Espíritu cante a través de nosotros, para encontrar su lugar en el pesebre de nuestra propia Individualidad. Mediante una visión clara, estando enfocados en lo Divino, estamos empezando a sentir y ver el aura de todos los seres conscientes, sintiendo el resplandor del Espíritu al moverse a través de toda la naturaleza en su gloria prístina. ¡Alabado sea Dios por la luz de la visión pura!

37

EL SISTEMA SOLAR, EL AURA DE LA TIERRA Y VUESTRA AURA

Mediante la perfección (del aura) se logra una nueva defensa,
por medio de la cual reconocemos varios rayos,
absorbiéndolos con nuestro propio rayo.
—El Morya, *Hojas del Jardín de El Morya II*

Cuando yo estaba en tercer año de primaria compré un librito sobre el sistema solar. En él encontré algo que realmente tocó mi corazón, eso fue el entendimiento de la relación entre el sol y los planetas y que nuestro sistema solar era realmente una familia entre muchas familias de estrellas y planetas a lo largo de la galaxia y el cosmos.

Estudié cada uno de los planetas y traté de descubrir todo lo que pude acerca de ellos. Memoricé la distancia entre el sol y los planetas, la relación de cada planeta con el sol y todo lo que pude aprender acerca de cada planeta. Aprendí acerca de la Vía Láctea, acerca de los cometas y otros cuerpos celestiales que pasan por el sistema solar de nuestra galaxia. Aprendí también del cinturón de asteroides entre Marte y Júpiter.

Poco después de eso entré en un concurso y gané un telescopio. Me divertí viendo el cielo de noche, observando diferentes estrellas y planetas, así como la luna. Luego, la serie de ciencia ficción *Star Trek*, empezó a ser vista en televisión por primera vez. Por medio de estos episodios, mi consciencia se expandió y me di cuenta que estas ideas, aparentemente increíbles, finalmente se volverían realidad gracias a los avances de la tecnología; ¡y efectivamente así pasó! Yo creo que todos tenemos un innato entendimiento del universo y que no somos la única forma de vida en el cosmos.

Ahora veo la atmósfera de la Tierra como parte del aura de un planeta viviente. Yo también soy una parte dinámica de esta Tierra llena de vida—y parte de su grandeza. Nuestra Tierra, dando vueltas, rotando sobre su propio eje y rotando alrededor del sol, no es un objeto inanimado; de hecho es un ser vivo con atmósfera y un campo áurico, afectado por nuestra consciencia. Yo veo como nuestra Tierra fue creada en una forma muy bella para sostener toda clase de vida. También veo claramente que hay vida en otros planetas y sistemas de mundos, aun que tal como en el programa de *Star Trek,* existen en otra forma o dimensión, con una matriz completamente diferente a la que tenemos en la Tierra.

Cuando era adolescente empecé a leer acerca de la ciencia espiritual, la cual comprendía mucho más allá de lo que se enseña hoy en día en las clases de ciencias de la Tierra, biología, química y física. Mi entrada en el mundo de la *metafísica* me llevó más allá de las clases de física, las que típicamente se enseñan de un modo seco y mecánico en nuestras instituciones educativas, desprovisto de espíritu e inspiración para gente como yo, que tenía deseos de aprender el verdadero propósito de la vida. Me di cuenta que yo estaba más interesado en lo que ahora llamo las ciencias solares—las ciencias más elevadas de la luz.

En varios episodios de *Star Trek*, lo que los expertos en efectos especiales pudieron crear, me maravilló: ¡Un campo de fuerza! La ciencia futurista había desarrollado una forma de crear un campo de energía electrónica alrededor de un objeto, espacio o habitación. Yo mismo usé este concepto—primero para imaginar y luego para crear, mediante mis sentimientos, un aura de protección a mi rededor. Conscientemente usé mi mente para ver y aceptar esta matriz de luz alrededor de mi forma, ¡y funcionó! Ahora la veo como un campo de energía fluyendo, la cual llamo "campo de flujo" porque se mueve y va a donde yo voy. Esta esfera de radiante energía me protege de cualquier cosa que sea dañina o este obstaculizando mi ser, mi salud y mi vitalidad.

En *Star Trek* el campo de fuerza se podía activar o desactivar. Algunas culturas alienígenas también desarrollaron una tecnología para encubrir, lo que permitía a una nave espacial ser invisible. Ésta fue una gran herramienta y creó ventajas en la guerra interplanetaria. Hay alusiones al hecho de que Jesús mismo sabía cómo crear su propio manto de invisibilidad, porque el Evangelio habla de que podía desaparecer entre la muchedumbre cuando algunos malvados estaban tratando de capturarlo y asesinarlo. Yo creo que nosotros también podemos aprender a cubrirnos de la oscuridad cuando vamos a lugares peligrosos, o cuando nos enfrentamos a patrones de energía debilitante o a gente violenta.

No requerimos de una máquina para crear nuestro propio campo de flujo de luz. Lo hacemos al aceptar el poder que ya reside en nosotros como hijos e hijas de Dios. Extraemos de nuestra Presencia Divina una corriente de luz y la vemos formar un patrón cristalino de perfección, una red inviolable de poder y protección alrededor de nosotros. Yo invoco un tubo o esfera de luz a mi rededor diariamente. Ustedes también pueden experimentar y visualizarse dentro de una pirámide de cristal o un cubo diamantino transparente de luz— cualquiera de estas visualizaciones será suficiente. Diviértete creando tu propia versión de un campo de flujo de protección.

Cuando se entiende y se usa correctamente, el aura ya es una envoltura espiritual de protección alrededor de nosotros. En la medida que aprendemos a utilizar luz divina para nuestro beneficio al dar energía y expandir el aura, podemos realizar más fácilmente nuestras metas espirituales. Desafortunadamente, mucha gente sin darse cuenta crea aberturas en su aura que permiten que la oscuridad penetre a su mundo. Esto ocurre frecuentemente con el uso de drogas y alcohol, así como otros hábitos perjudiciales, tales como decir palabras soeces, criticar a otros y ser dañino con cualquier forma de vida. Las personas que hablan violentamente violan su propia aura y la de los demás, además de dañar el medio ambiente y el mundo que los rodea. Aquellos que participan en varias actividades psíquicas como canalizar, lecturas de vidas pasadas, el uso de tabla de Guija, viendo películas de vampiros y de terror, así como leyendo libros de historias de esos mismo generos se hacen susceptibles a influencias oscuras y perjudican la belleza natal del aura de luz que Dios les dio.

Todo planeta tiene un campo áurico y la vida en otros planetas existe allí en dimensiones invisibles a nuestros ojos. Nuestras máquinas y aparatos no pueden observarlos. No es necesario infringir la atmósfera y el aura de otros planetas al enviar exploradores y naves espaciales para tratar de descubrir su composición y origen. Como seres espirituales, podemos viajar a cualquier planeta por medio de la mente divina y estar ahí instantáneamente. Hoy la ciencia ve a la vida principalmente a través de un lente materialista, sin entender la espiritualidad involucrada en el nacimiento, la evolución y el destino divino de cada planeta y sus evoluciones.

Podemos enfocarnos en un planeta como Venus, enviar amor y viajar allí en nuestros cuerpos más sutiles. Podemos aprender de su cultura superior y de su civilización a través de un entendimiento espiritual iluminado en vez de ir allí físicamente. En vez de gastar billones de los dólares recaudados a través de impuestos, para investigar detalles acerca de otros planetas, podemos aprender mucho más de ellos mediante la ciencia divina.

Varios de los astronautas que salieron de nuestro planeta y lo miraron desde el espacio tuvieron grandes experiencias espirituales y realizaciones cósmicas. Todo el campo de la ciencia noética se desarrolló por un cambio de paradigma experimentado por el Dr. Edgar Mitchell, uno de los astronautas que descendieron en la luna. Él vio la unidad de la Tierra desde el espacio y se dio cuenta que los verdaderos avances científicos se realizarían viendo las cosas desde una nueva perspectiva de unión, en vez de verlos a través de la dualidad. Él creó oportunidades para experimentar en varios campos parapsicológicos como la telepatía, telequinesis y vista remota—usando la mente y enfocándonos en nuestro ser interior.[1]

Cada uno de nosotros tenemos interiormente nuestro propio sistema solar —incluyendo nuestro propio centro solar y los planetas de nuestra consciencia. Además, tenemos 144 chakras, o centros energéticos. Los siete focos principales corresponden a importantes órganos y glándulas; cinco chakras menores o los chakras de los *rayos cristalinos* están centrados en las manos, pies y cerca del corazón; y 132 puntos energéticos adicionales a lo largo de la red meridiana de nuestro cuerpo electrónico han sido estudiados, así como también usados por acupunturistas y sanadores más iluminados durante siglos.

Nosotros mismos somos un cosmos viviente, envueltos en nuestro propio campo áurico, el que refleja el Huevo Cósmico. Podemos meter en nuestro corazón lo que vemos en el universo exterior en la medida que meditamos y reflexionamos en nuestra verdadera naturaleza, nuestra individualidad divina en Dios. Como científicos del Espíritu, podemos penetrar el núcleo de la realidad mediante frecuencias solares más elevadas y a través de este proceso podemos vivir en un estado de libertad verdadero del ser al servir y amar a toda vida libremente.

Yo creo que un entendimiento del aura es esencial para nuestra iluminación, porque estamos constantemente afectando a la vida mediante lo que fluye a través de nosotros y lo que vibra en nuestra consciencia. El poder del amor dentro de nuestro campo áurico es magnánimo y puede cambiar el curso de la vida en la Tierra. Nosotros debemos conscientemente decidir desarrollar un poderoso campo de energía de luz alrededor de nosotros mismos para hacer nuestro trabajo espiritual más elevado.

Durante muchos de los episodios de *Star Trek,* los miembros de la tripulación de la Nave Espacial Enterprise interactuaban con formas de vida que habían evolucionado más allá de la necesidad de tener un cuerpo físico. Estas *corrientes de vida* podían, si así lo deseaban, asumir formas humanoides para satisfacer la percepción de vida en la tripulación y así poder comunicarse con ellos. Para mí esto suena bastante parecido a los Maestros Ascendidos. Piensen en los billones de personas que pueden estar rezando diariamente a Jesús o a Madre María, o a Gautama Buda, o a Kuan Yin. Cada uno de estos grandes seres de luz tiene la capacidad de proyectar un campo de flujo de luz, una *Presencia Electrónica* en cualquier parte de la Tierra para contestar nuestras oraciones, para servir, curar, salvar y de alguna forma estar con la gente de la Tierra y asistirlos.

Involucrémonos en un trabajo espiritual ahora, imaginando y enviando una imagen de nosotros mismos al Medio Oriente, a un ser amado o a alguien que requiera curación. Tú puedes estar presente en espíritu[2] por medio de un rayo de energía emanado desde tu Presencia Divina a través de tu corazón, a través tu tercer ojo y proyectarlo a cualquier parte donde desees bendecir a la vida. Tomar tiempo para meditar nos permite entrar en una ecuación más elevada de luz; y cuando lo hacemos en grupo, es todavía más poderosa por la acción de nuestra consciencia colectiva. Si así lo deseamos, nuestras auras pueden ser centros de luz poderosos y resonantes, por medio de nuestra voluntad consciente.

Cuando involucramos al Espíritu, el Gran YO SOY, en esta actividad, la gloria de Dios fluirá por el aura, y otros buscaran encontrar en nosotros asistencia amorosa y nutrición espiritual. En la medida que compartimos, esparcimos nuestra luz—la Luz de Dios—por toda la Tierra. Estamos sembrando nuevas semillas con intenciones emanadas desde el centro del corazón, que están dando a luz a una nueva consciencia Edénica, en la medida que muchos despiertan al percibir con nuevos ojos su propia Individualidad en Dios.

38

LA RESPIRACIÓN DEL AURA

…aura significa literalmente brisa, para aquellos que pueden verla, las capas de energía reluciente que constituyen el aura, parecen moverse como si fueran sopladas por el viento.
—*Lucinda Lidell, El Libro de Masaje*

El sagrado aliento de Dios es el Espíritu Santo. La inspiración y la respiración fluyen del Espíritu del Uno. Nosotros inhalamos nutrición, vida y luz con el aire oxigenado, cargado por el sol en nuestra atmósfera. Exhalamos ciertos elementos o impurezas que ya no requerimos o que nuestro cuerpo ya no puede tolerar o retener. Hay un flujo y reflujo, una expansión y contracción que ocurre cuando respiramos.

El aura también respira, aunque en un ciclo diferente a nuestra respiración física. Se expande y se contrae basado en los niveles cambiantes de consciencia y de acuerdo a ciertos ciclos más elevados y sutiles de la luz solar. Aunque el aura tiene una elasticidad natural y una cierta impermeabilidad, aun así es susceptible a lo que absorbemos a través de nuestra consciencia. Cuando recibimos y aceptamos luz y amor a través de poner la atención en nuestra Presencia de Dios, nuestra aura absorbe varias cualidades divinas y vibra con mayor claridad, poder y presencia. Cuando inhalamos patrones de energía menos deseables al poner nuestra atención en cosas oscuras y mundanas, nuestra aura es afectada en la misma medida. Entonces el aura se contrae para prevenir que entren en nuestro ser los más negativos elementos del mundo.

Aquellas personas que son sensibles a las sutiles frecuencias y energías del Espíritu pueden percibir esta continua actividad—esta dinámica de la absorción, procesamiento y liberación de energías. Hay ciclos durante el día y la noche y dentro de los biorritmos de nuestras vidas, que afectan nuestro campo áurico y nuestra capacidad para mantener la integridad de nuestro Ser Real, nuestra verdadera esencia.

Todos los elementos que internalizamos componen la dieta de nuestra aura. Esto incluye luz, colores y sonidos—audibles e inaudibles—perfumes y aromas, sabores y sentimientos intuitivos. El aura exhibe tanto los pensamientos pasajeros como los sentimientos que están pasando por nosotros, así como los elementos más profundos de nuestro ser, basados en nuestros hábitos y acondicionamiento a lo largo de años, décadas y vidas enteras. Todos estos patrones aparecen en el aura y pueden ser intuidos, vistos o leídos por los clarividentes o personas sensibles e intuitivas.

Cuando estamos enfocados en nuestra individualidad divina, el campo de nuestra aura se abrillanta, volviéndose más luminoso y energético. Cuando nos concentramos en el ego humano, el aura se oscurece y se vuelve letárgica y opaca. El modo más seguro de aumentar el resplandor del aura es inhalar luz divina, fuego espiritual y prana cósmico. Todo esto tiene su origen en el Gran Sol Central y pasa por muchos mundos solares y maestros ascendidos, quienes son seres luminosos dotados con gran poder, sabiduría y amor espiritual.

Cuando ponemos nuestra atención en lo Divino, una clase más refinada de respiración espiritual naturalmente ocurre dentro de nuestras auras, lo que provee una forma más sutil de nutrición para nuestra alma y espíritu. "Si tu ojo fuera único, todo tu cuerpo estará lleno de luz."[1] Esta luz fluye a través de la glándula pineal, centrada dentro del cerebro en el punto del tercer ojo—donde reside la visionaria pureza de la sensación y la vista.

Esta respiración más refinada también ocurre a través de cada uno de nuestros chakras. Los pétalos de cada chacra giran con una frecuencia específica y cada uno se expande y contrae de acuerdo con ciertas pulsaciones que están fluyendo a nosotros desde nuestro Ser Superior a través de nuestro cordón cristalino (o de plata). Nuestros chakras absorben y emiten energías que dependen de dónde está centrada nuestra consciencia y cómo utilizamos las frecuencias que fluyen a nosotros desde los centros de luz en nuestros cuerpos espirituales superiores.

Durante accidentes y emergencias, el personal médico típicamente nos toma el pulso para ver si el corazón todavía está bombeando sangre en nuestro cuerpo. También tenemos un pulso de luz en nuestros cuerpos electrónicos, lo que indica la respiración del aura dentro de la cual vivimos, nos movemos y tenemos nuestro ser.

Los acupunturistas y los que usan la medicina China en sus prácticas, aprenden a analizar el pulso. Ellos pueden medir casi instantáneamente la salud energética y el bienestar de la persona, así como diagnosticar enfermedades. Este antiguo sistema data de tiempos más iluminados en la Tierra, durante previas civilizaciones que vivieron en una era dorada cristalina, cuando entendían más completamente la pulsación o la respiración del aura.

Como aspirantes espirituales, estamos aprendiendo a absorber la luz solar o la radiación de nuestra Presencia Divina—todas las virtudes de Dios que simplificaran y beatificaran nuestra vida. También estamos aprendiendo a soltar todos los tóxicos y anomalías indeseables dentro del aura—elementos que ya no nos sirven en nuestra más elevada caminata con el Espíritu. Como aspirantes a ser adeptos, estamos aprendiendo a poner toda nuestra atención en nuestra Fuente Solar. En la medida que absorbemos y transmutamos la oscuridad del mundo, la convertimos en luz dentro de nuestro corazón y la liberamos convertida en amor hacia toda la vida.

Cuando una mujer tocó el borde del manto de Jesús, fue sanada instantáneamente de su enfermedad. Hubo una transferencia de energía del aura de Jesús hacia ella porque él estaba rebosante de luz. Él sabía y había dominado la ciencia de la respiración pránica durante sus viajes a la India y al Lejano Oriente. Él era tan sensible que sin saber quién lo había tocado, él sintió la liberación de luz desde su aura. Como dice en el Nuevo Testamento, él percibió que aquella virtud había salido de él.[2]

Mientras más conscientes estemos, más entendemos la dinámica involucrada en la respiración de nuestro campo áurico. Durante la noche mientras dormimos, nuestro cuerpo físico y nuestros cuerpos sutiles, así como el aura son limpiados y purificados mediante nuestra respiración. Incluso nuestra alma puede viajar a otros reinos etéricos y experimentar niveles más profundos de transmutación y limpieza del alma, donde el aura es pulida con frecuencias de luz cristalinas. Como ha explicado el Maestro Omraam Mikhaël Aïvanhov, necesitamos este descanso para soltar elementos tóxicos del mundo que hemos absorbido a través de nuestra experiencia diaria. Al despertar de nuestra ducha cósmica, estamos listos para un bello día de co-creación con el Espíritu.

La meditación alimenta nuestra alma porque bebemos luz mediante la inhalación, absorción y recepción de bellas impresiones de luz divina. Las oraciones habladas, cánticos, canciones y decretos sirven para purificarnos porque al exhalar durante su ejecución, energías espirituales son entregadas a nuestro mundo. ¿Qué pasa durante la pausa entre nuestras oraciones, cánticos y canciones? Descansamos para absorber mayor luz al meditar en nanosegundos donde no existe el tiempo. Entonces transmitimos las frecuencias divinas que absorbemos al campo áurico de la Tierra.

En la medida que continuamos la práctica y maestría de la respiración pránica, llegamos al punto en que empezamos a vernos y conocernos a nosotros mismos como seres Solares. Sentimos las frecuencias y las emanaciones más elevadas de varios mundos solares manifestándose a través de nuestra consciencia, y nos convertimos en un conducto de bendiciones para toda vida mediante el proceso de expansión y contracción natural que está tomando lugar. Éste es nuestro trabajo dichoso —participar en la ciencia de la respiración áurica.

39

UNA DIETA PARA EL AURA DE LOS QUE ASPIRAN A SER ADEPTOS

Es a través de las energías sutiles del espíritu
que podemos lograr una mayor sanación
—Dannion Brinkley, *En Paz en la Luz*

La dieta pura del aura de los que aspiran a ser adeptos consiste en luz espiritual y fuego, colores celestiales vibrantes, música de coros angelicales, fragancias de bellas y aromáticas plantas florales, la quintaesencia expresada por devas y espíritus elementales, así como ciertas formas-pensamiento e ideaciones de musas divinas que inspiran nuestra mente y corazón con mensajes sublimes de amor, verdad, pureza y paz. Todo esto tiene una gran influencia en el sutil campo electrónico del aura y nos trae armonía y dicha.

El aura es un campo electromagnético de energía que se mueve constantemente, cambia y expresa lo que se está manifestando en nuestra consciencia; responde exactamente a lo que somos y en dónde estamos en consciencia a cada momento de nuestra vida. Nuestras decisiones conscientes—hechas diariamente y en cada hora—determinan si nuestra aura va a ser bella, radiante y tan colorida como un arco iris en la primavera, fluyendo con la gloria de Dios y centelleando con las energías puras de la luz de nuestro Ser Superior, o algo inferior a eso. Como estudiantes espirituales subiendo los escalones de nuestra verdadera Auto maestría, podemos decidir que, lo que vamos a ingerir sea digno de nuestra santa y superior misión. Podemos escoger tomar parte en estímulos inspiradores que alimentan el alma y reponen nuestro espíritu, porque sabemos que nos convertimos en aquello en lo que ponemos nuestra atención.

La naturaleza nos ha proporcionado los procesos cíclicos por medio de los cuales podemos entender cómo alimentar correctamente el aura. Los mismos elementos que existen en el mundo material también existen en los reinos espirituales a una frecuencia más elevada y refinada. En la misma forma que la gente disfruta el estar bajo el sol, sintiendo su luz y calor recargando sus células físicas, así también nosotros podemos disfrutar de nuestra Presencia Solar que nos baña por dentro y por fuera con el resplandor de la luz espiritual, cargando nuestras baterías internas (chakras) con su santa esencia de amor divino. El aura se convierte en el medio por el cual experimentamos nuestra unión con la Fuente.

Yo crecí en una feliz familia con diez hijos. Tuvimos toda clase de maravillosas experiencias interactuando entre nosotros y con nuestros vecinos y amigos. Las dinámicas que utilizamos en nuestras muchas relaciones dentro y fuera de la familia, nos dieron una cantidad enorme de oportunidades de aprender las lecciones de la vida rápidamente. Los hermanos menores veían y aprendían de los más grandes. Todos adquirimos una perspectiva única de la vida dentro de nuestro círculo familiar. Hubo muchas iniciaciones y yo aprendí con rapidez lo que funcionaba y lo que no funcionaba en las relaciones. Dominar mis emociones y aprender cuando y donde hablar o quedarme callado, fue clave para crear la fundación de todo lo que iba a venir a mi vida.

Nuestro círculo familiar es el aura colectiva de nuestros padres y hermanos. En el caso de familias mixtas viviendo bajo el mismo techo o cerca, el aura es todavía más grande. En nuestra familia aprendimos algunas de las lecciones más profundas de la vida. Nuestros padres nos enseñan con su ejemplo y así desarrollamos una cultura familiar única. Afortunadamente, en mi familia había mucho respeto, amor, abrazos y besos, aunque a veces hubo peleas y de cuando en cuando rivalidad entre hermanos.

Yo tuve el privilegio de tener una bella y amante madre, que cuidó de cada uno de nosotros y nos trató como individuos especiales y únicos. Por más de veintidós años ella estuvo dando de mamar a bebés y cambiando pañales. Por dos décadas más ella continuó lavando ropa, cocinando, limpiando, organizando y manteniendo nuestro hogar en orden. Con tantas bocas que alimentar y tanto trabajo que hacer, ella no pudo trabajar fuera de la casa, aunque eso hubiera sido su preferencia.

Mi padre trabajó muy duro para mantenernos. Aun con su atareado horario trabajando en el centro de Chicago para una agencia publicitaria importante, él siempre estuvo presente durante los juegos de pelota en que participábamos durante el año. Tengo muchos recuerdos de mi papá animándonos en los juegos, cortándonos el pelo, ayudándonos a crear carros de carrera de madera cuando éramos niños exploradores y llevándonos a remar en canoa en el verano. Además de todo eso, todavía encontraba tiempo los fines de semana para completar una lista que parecía casi interminable de diligencias y tareas para mantener nuestra gran casa.

Nuestra experiencia familiar es clave para nuestro desarrollo espiritual, porque lo que somos en la juventud se extiende a nuestra vida de adulto. El tener una sana y amorosa niñez establece una base para que encontremos y cumplamos la misión de nuestra vida, desarrollando auras radiantes durante el proceso. Nuestra cultura familiar es la dieta colectiva para el alma grupal de aquellos con quienes frecuentemente tenemos más karma que pagar y la mayor cantidad de lecciones que aprender.

Dentro de nuestro subconciente y en los pliegues de nuestro campo áurico hay pequeños engramas (símbolos y patrones energéticos) que indican de dónde hemos venido y quiénes somos, basado en todas nuestras interacciones con otros. El modo en que nos educaron, qué tan flexibles somos, como compartimos nuestros sentimientos y expresamos nuestras emociones, todo esto se puede ver en el aura. Aquellos que son flexibles como el bambú—son capaces de absorber y lidiar con el sube-baja de la vida, con sus dichas, así como sus tristezas—y pueden fluir con el ritmo de la vida, por eso ellos tienen una elasticidad interna que se puede observar en el aura.

Generalmente son joviales, humildes y benévolos al tratar con otros y consigo mismos.

El desarrollar compasión, comprensión y amabilidad hacia todos claramente trae una cierta ecuanimidad y vitalidad a los colores y forma del aura. En los individuos armoniosos, el vidente no observa casi ningún patrón irregular o aberraciones desfavorables. El pasar por momentos difíciles contribuye a formarnos como somos— individuos conscientes, equilibrados e íntegros. Al haber pasado por retos intensos, nosotros podemos ayudar a otros que están pasando por contratiempos similares—entendiéndolos en vez de juzgarlos. Después de todo, ha habido épocas en nuestro pasado cuando le hemos causado dificultades a otros y puede que todavía tengamos irregularidades en nuestra personalidad que suavizar. Nuestras emanaciones áuricas muestran todo esto. ¡Gracias a Dios por la luz sanadora de la misericordia y el perdón!

Nuestras auras muestran si somos generalmente dichosos y felices, llenos de vida y vitalidad o algo inferior a eso. A veces todos necesitamos la aceptación y aprecio de otros, lo que nos da un poco de consuelo. Cuando se ofrece gratitud y es absorbida, esto se vuelve obvio dentro de nuestra aura. El aura danza y brilla con un nuevo vigor e ímpetu.

Como mencioné antes, los colores vibrantes son parte de la dieta del aura de los que aspiran a ser adeptos. Podemos decidir tener una dieta de gran colorido—comiendo toda clase de frutas y verduras de la pródiga variedad de la naturaleza. Podemos elegir estar en la naturaleza y disfrutarla, observar las plantas en todas sus expresiones de diferentes matices, mientras absorbemos las amorosas radiaciones de luz solar y de arco iris a nuestro rededor.

Podemos decidir volar con los serafines y querubines en nuestras meditaciones a otros mundos y observar el dinamismo de otros cuerpos estelares, sistemas solares, galaxias y nebulosas cósmicas. Podemos observar la maravillosa luz, frecuencias de sonido y colores emitidos por las estrellas de nuestra Vía Láctea—estrellas rojas gigantes, enanas azules y estrellas blancas medianas.

Podemos hacer nuestra vida más agradable y desarrollar un aura con los colores del arco iris al buscar diferentes experiencias, evitando hacer las mismas cosas todos los días. Mezclando las cosas, cambiando paradigmas y modalidades de creencias, moviéndose en otras dimensiones y corrientes de consciencia a través del pensamiento así como durante la meditación, son todas cosas que ayudan a añadir capas energéticas de luz a nuestra aura. Mediante estas prácticas, los colores del aura adquieren matices más profundos e intensos. Yo sugiero que nos tomemos tiempo para hablar con las personas en la calle, siendo amigables y agradables con todos. Aprendan nuevas cosas acerca de la gente—especialmente de sus vecinos y de las personas con quienes trabajan. Yo me he dado cuenta que cuando primero escucho lo que otros están haciendo, mi consciencia se expande. Así mi mundo crece y mediante este proceso mi aura crece también.

La más pura dieta para los aspirantes espirituales está compuesta de luz y fuego, los que absorbemos mediante varias prácticas espirituales—como la meditación, el silencio, la oración, el canto, la contemplación del sol, el servicio a otros y el estar en la naturaleza. Así asimilamos la luz y fuego de Dios al permitir que estos fluyan y florezcan dentro de nosotros, aquietando nuestra mente y abriendo el corazón a la Fuente de todo lo que existe.

Si ustedes son místicos de corazón, entonces son observadores y pensativos; desean entender los misterios más profundos, penetrando hasta el núcleo del porqué y del como son las cosas. En la medida que continúen meditando sobre su vida divina y vivan centrados en el Ser, mayor luz de su Presencia Solar fluirá a ustedes y ésta quedará impresa dentro de su campo áurico.

En la medida que aprenden las lecciones sobre las cuales han venido a tener maestría en esta encarnación, la energía de esa maestría es absorbida por su corazón y su Cuerpo Causal, convirtiéndose en una parte permanente de su ser. Esto es lo que los adeptos ven como el Ser Real de cada individuo. Sus campos energéticos ya no son simplemente un aura humana con un amorfo y siempre cambiante estado. Se han revestido de luz y han tenido acceso al átomo permanente de su verdadero ser.

No debemos ignorar ninguna experiencia que hayamos tenido, aunque aparentemente sea negativa, opresiva u oscura. Aprender la lección de cada experiencia nos da un mayor entendimiento y empatía por otros. El ser capaces de movernos a través de nuestros retos y mas allá, siendo capaces de reflexionar sobre nuestras épocas más oscuras y respecto de lo que nos ayudó a vencer nuestras limitaciones, así como lo que nos ayudó a obtener la victoria, nos da gran dicha. ¡Así nuestra aura de compasión y amor se expande!

Al contemplar nuestra unión con el Uno en la dinámica de todas nuestras relaciones, así como en todas nuestras interacciones y trabajo, estamos siendo absorbidos en esa unión con toda vida. Nuestra aura, en la misma forma que una gota en el océano, es asimilada por la gran aura del Uno. Esta asimilación no quiere decir que perdamos la identidad de nuestro Ser Superior. Al estar identificados con nuestra Fuente, retenemos el sabor de nuestro propio ser, sabiendo que es parte de un Todo mayor. En este estado, sentimos amor por cada parte de la vida.

Finalmente, si deseamos tener un aura expansiva y radiante, debemos ser creativos. Aquellos que siguen a la muchedumbre no son auto-motivados; no generan la energía necesaria para expandir su aura. Yo aliento a todos a desarrollar una relación co-creativa con Dios— vayan donde nadie ha ido antes. Hagan cosas que nadie haya hecho. Escriban poemas, canciones y música. Creen nuevas danzas y formas de arte. Usen los dones y talentos que Dios ha puesto en su corazón, mente y alma para convertirse en un alquimista de luz. ¡Expandan el universo y expandan su aura!

40

AYUDA DE UNA CLARIVIDENTE
Para Transmutar un Antiguo Registro de Lemuria

*Cada uno percibe el mundo astral a través del color de
su propia aura. Mientras más llena de
armonía esté el aura, más verdadera es la imagen astral.*
—Hojas del Jardín del Morya, *por El Morya.*

La siguiente historia es verdadera y es acerca de una clarividente que
fue la pieza clave para resolver un tema psicológico que experimenté
por décadas. Sus dones espirituales y su pericia en el campo de la
sanación alternativa resultó ser una maravillosa bendición para mí y
me ayudó a reconocer y desarrollar mis propias facultades intuitivas
innatas.

Esta clarividente realmente tenía un único y poderoso don de
visión interna. Cuando cierta alma en la comunidad espiritual donde
ambos vivíamos en ese tiempo, pasó al otro lado de la vida, ella vio la
ascensión de esta hija de Dios desde los reinos de luz y la describió
con gran detalle durante un servicio de oración de la comunidad.
Nuestra maestra espiritual leyó la descripción escrita de este sagrado
evento y afirmó que era completamente correcta. Como terapeuta
de salud natural, la clarividente usó su visión interna para asistir a
sus clientes con sesiones de kinesiología. Ella empezaba cada sesión
con una oración y después de consultar con sus clientes acerca del
propósito específico de su visita, ella los chequeaba usando el método

de prueba kinestésico muscular para determinar lo que era necesario para restaurar la armonía y la salud.

En esta sesión en el año 2000, yo deseaba trabajar en un profundo problema de ira que a veces afloraba en mi vida. Yo había trabajado para eliminar este flagelo durante diez años, usando varias herramientas psicológicas y había rezado para transmutar antiguos registros dentro de mi subconsciente. No obstante, estos patrones energéticos continuaban y yo no podía vencerlos y disolverlos. Yo deseaba en esta sesión llegar a la causa de mi ira, porque yo sabía que ésa no era mi verdadera naturaleza. Generalmente yo era calmado, pacífico y dichoso, por lo que no me gustaban estos incidentes en que sentía la necesidad de enojarme y decir cosas indebidas. Yo veía en mi padre hábitos similares de enojo y pensaba que sin querer yo estaba replicando algunas de sus errores. Decidí finalmente que ya era hora de abandonar esos hábitos.

Me sentí un poco intimidado respecto de trabajar con una vidente. ¿Iba ella a saber mis más profundos secretos o ejercer ventajas psíquicas sobre mí? Lo que estaba a punto de aprender era que todos tenemos un cierto grado de clarividencia. Al desarrollar nuestros dones espirituales y gradualmente purificarnos, nos hacemos más sensibles. La clarividente no me dijo lo que vio, sino que me preguntó lo que yo sentía y veía. Ella estaba sacando desde dentro de mí mismo mi propia visión interna.

Mientras estaba yo acostado de espalda en su mesa de masaje, ella me llevó de regresó en consciencia a una época pasada en el antiguo continente de Lemuria—también conocido como Mu, la tierra madre. Yo supe interiormente que ésta era mi décima-primera encarnación en la Tierra. Yo era un maestro espiritual trabajando con gente en una región de Mu para ayudarlos a elevar su consciencia. Yo intuí que durante mis primeras diez encarnaciones la Tierra había sido más ligera energéticamente y yo sentí una liviandad en mi ser. Sin embargo, durante mi onceava encarnación, la Tierra se había vuelto muy densa; había un malestar mental y emocional que yo llamaría polución astral. Esto fue el resultado del descenso del nivel de consciencia de la gente debido a sus decisiones imprudentes.

Yo estaba trabajando para iluminar al pueblo y había inventado un aparato único que usaba una tecnología de cristal solar. Emitía ciertas frecuencias de luz y sonido que neutralizaban y transmutaban la polución astral. Este aparato, se alojaba en una pequeña caja, el cual era como un generador de luz violeta-rubí y sonido que funcionaba muy bien para limpiar la atmósfera. (¡Lo podríamos usar en el mundo de hoy también!)

Me vi a mi mismo vestido con lo que parecía una túnica blanca y sandalias hechas a mano, trabajando entre mi gente. De pronto, tres individuos llegaron de otra parte del mundo. Se acercaron a mí y me dijeron que habían oído hablar de mi aparato y sus sorprendentes capacidades. Me preguntaron si podían llevarlo a su continente, el que estaba todavía en mayores apuros que el área de Lemuria donde yo estaba trabajando.

Inicialmente me alegre de que mi invención pudiera ayudar a combatir parte dela turbulencia astral en la tierra de esos forasteros. Sus intenciones parecían puras y yo estaba dispuesto a ofrecerles la opción de prestarles el aparato por un período de tres meses. De repente mi Ser Superior me advirtió que algo andaba mal. Me llevaron en consciencia y vi que su intención no era usar este aparato para bien como ellos clamaban. Ellos querían estudiarlo y crear su propio aparato, el que emitiría frecuencias oscuras que les permitirían manipular la mente de otros de acuerdo a sus propósitos malvados.

Quité mi oferta y les dije que no podían tener mi aparato. Entonces, más rápido de lo que pude reaccionar, uno de ellos se puso detrás de mí, me agarro de brazos y manos, sujetándome de tal forma, que no podía moverme. Otro hombre sacó una daga de cristal y me apuñaló en la cabeza en el punto del tercer ojo—me mató instantáneamente. Mi espíritu inmediatamente abandonó mi cuerpo, volando a otros reinos.

Yo vi en el registro akáshico de esta experiencia que yo estaba enojado porque estos individuos me habían engañado, asesinado y robado mi aparato. Aún más, yo estaba muy enojado conmigo mismo por no haber presentido—mediante el don de la premonición—lo que estaba a punto de ocurrir.

En ese momento vi que ésa fue la primera vez en la Tierra en que sentí furia, y ese patrón continuó agobiando mi vida hasta el presente. Aunque no observé los registros de encarnaciones subsecuentes, ¡estoy seguro que tuve otras interacciones con esos individuos y que no me llevé bien con ellos! Es muy posible que yo haya asesinado al que me mató a mí y que hicimos esto de ida y de vuelta en numerosas vidas. Ya era hora de poner fin a este escenario, de una vez por todas.

Durante el resto de la sesión, envié todo mi amor y perdón a este registro. Finalmente perdoné completamente al asesino y a los otros dos hombres. También les pedí perdón por todo lo que les había hecho que no era de la luz. Yo vi la acción del fuego violeta girando, consumiendo el registro de este antiguo incidente hasta que todo vestigio quedó completamente borrado—la causa, efecto registro y memoria—y así me liberé. Desde ese día nunca más he tenido un ataque de rabia como los que solía tener en el pasado. Incluso cuando las cosas ocasionalmente me molestan, no siento la ira interna brotando como solía sentir antes.

Al final de la sesión la clarividente me dijo: "El Maestro El Morya acaba de aparecer aquí y me está enseñando un reloj. Está diciendo que indica cuánto karma has pagado en esta vida." Ella no me dijo la cantidad, pero dibujó el reloj en un pedazo de papel, lo dobló y me dijo que cuando estuviera listo, yo podría abrirlo y mirarlo.

Anteriormente, tuve una lectura kármica con mi gurú en 1997. Esa vez me dijo que, El Morya había dicho que yo había balanceado entre 47 y 48 por ciento de mi karma. El conocimiento de los devotos de esta comunidad es que si balanceamos 51% de nuestro karma, equilibramos la llama trina dentro de nuestro corazón, cumplimos nuestro plan divino y resolvemos nuestra psicología, entonces podríamos ascender al final de esta vida. Yo me estaba acercando, pero todavía no estaba ahí. Aparentemente las cosas se vuelven más complicadas cuando uno está trabajando en resolver entre 45 y 51 por ciento del karma personal. Las iniciaciones son más difíciles y la gente frecuentemente requiere ayuda de un verdadero maestro espiritual para vencer los asuntos más profundos de deudas kármicas pasadas.

Miré el pedazo de papel con el reloj de El Morya que la clarividente me había dado. Mostraba la manecilla del reloj a un poco más allá de la línea 7 del reloj, lo que quería decir que había yo pagado más o menos 61% de mi karma. Yo estaba muy sorprendido; no podía creer que en tres cortos años había balanceado más del 13% de mi karma. Mi gurú me había dicho que podía tomar años para que la gente pagara, incluso un 1 o 2 por ciento de su karma. Mi sistema de creencias no me permitía creerle a la clarividente. Decidí entonces no volver a tener otra sesión con ella, ya que eso podría haber sido simplemente una experiencia psíquica—lo cual era inaceptable para alguien como yo, que se encontraba haciendo su viaje espiritual.

Doce días después de ese incidente tuve un sueño lúcido. Yo estaba en el retiro etérico de El Morya sobre Darjeeling, India. Estaba sentado frente a una pantalla enorme y me enseñaron la "revisión de mi vida", como un maravilloso caleidoscopio de todas mis vidas en la Tierra. Lo que parecía ser una eternidad de eventos muy personales pasaron ante mis ojos muy rápidamente, en sólo unos momentos de atemporalidad. Yo había leído acerca de revisiones de vida, contadas por gente que había tenido experiencias cercanas a la muerte. Yo estaba maravillado que me estuviera pasando a mí, aunque todo parecía muy natural. Al final de la revisión, me enseñaron un registro kármico de dónde estaba en ese momento en el tiempo. Con gran sorpresa vi que era exactamente el porcentaje que la clarividente había puesto en el papel que El Morya le había enseñado en el reloj.

Me desperté sorprendido y me senté en la cama. Nunca me voy a olvidar de esta experiencia y puedo recordar mucho de lo que me mostraron con grandes detalles, viendo todas mis vidas pasadas desde mi primera encarnación en los planos de la Mater. Hasta me mostraron cómo mi esencia había salido del vientre mismo del cosmos.

Poco después de esto, volví a tener otra sesión con la clarividente. Compartí mi experiencia con ella y le pregunté: ¿Cómo pude haber pagado tanto karma en solo unos pocos años? Ella me respondió que el karma no es lineal, sino cíclico. A veces el karma más intenso que no hemos resuelto, está alojado en antiguos enredos con ciertos individuos, como los que encontré en esa experiencia.

Cuando le expliqué que había servido en una comunidad espiritual por más de 30 años—toda mi vida adulta—ella me dijo que no todo nuestro karma se puede balancear a través de esta clase de servicio. A veces hay relaciones con individuos específicos que debemos resolver para poder avanzar en nuestro camino espiritual.

Esta explicación tuvo sentido para mí y finalmente la acepté como una verdad para mí también. Me di cuenta que por la Gracia de Dios, ¡yo podía continuar trabajando para purificarme y balancear mucho más perdonando amorosamente a todos y a todo! Esta clarividente fue una gran ayuda para que yo pudiera usar las herramientas espirituales que yo ya había desarrollado para enmendar mi camino y limpiar mi aura, dando así un mejor servicio a la vida.

EJERCITANDO EL AURA

Desarrollando Inteligencia Emocional
En esa pausa santa y mística entre alientos, encontramos el hogar de
nuestra divinidad y el lugar de nacimiento de todos los milagros.
—Dannion Brinkley, *Los secretos de la Luz*

Puede que tú nunca hayas pensado que es posible ejercitar tu aura, no obstante, es verdad. Ejercitamos nuestro cuerpo físico para mantenerlo en buen estado y tonificado. Ejercitamos nuestra mente leyendo (en silencio o en voz alta) y estudiando sagradas escrituras, escuchando inspiradoras conferencias, discursos o sermones, así como a través de meditación y contemplación silenciosa. Ejercitamos nuestros cuerpos emocionales mediante servicios devocionales, incluyendo canciones, cánticos y alabanzas a Dios en todas sus manifestaciones. Cuando conscientemente nos involucramos en usar nuestros chacras en una actividad energética de luz, estamos también ejercitando, afinando y expandiendo nuestras auras.

En mi juventud, yo me involucré en toda clase de deportes— basquetbol, fútbol, beisbol, tenis, natación, andar en bicicleta y correr. Todo eso me ayudó a desarrollarme física, emocional y mentalmente, así como también espiritualmente. En la medida que creamos equilibrio a través de actividad física armoniosa, podemos establecer un mayor fundamento y habilidad para usar nuestra aura con propósitos más elevados y divinos.

Todos los componentes espirituales de nuestra vida están construidos sobre la base del equilibrio de la tierra, el agua, el aire y el fuego. Necesitamos ejercicio para hacer que el corazón bombee, para que los pulmones se expandan y la sangre fluya eliminando toxinas. Si tenemos un desequilibrio en nuestro cuerpo físico porque no hacemos ejercicio, no nos esforzamos, no sudamos ni respiramos profundamente, nuestro templo corporal puede estancarse y retener elementos que no son óptimos para hacer el trabajo de nuestro Ser Superior. Desarrollar flexibilidad en nuestro cuerpo a través de la práctica de yoga, tai chi u otros ejercicios suaves, desarrollar la inteligencia emocional a través de trabajar en nuestra psicología y desarrollar la agudeza mental participando en lo que yo llamo la conciencia lúdica total; todo esto afecta directamente y positivamente nuestro espíritu. Mediante estas prácticas creamos auras equilibradas, bellas y expansivas.

¿Alguna vez has experimentado un torrente de energía correr por tu cuerpo cuando has continuado haciendo ejercicio con disciplina, habiendo llegado más allá de los límites de tu cuerpo? En ese punto se pueden absorber ciertas energías pránicas del Espíritu durante un estado que algunos llaman la "euforia del corredor". Cuando persisten mas allá de la fatiga y experimentan la liberación de endorfinas. Yo creo que las endorfinas, son elementos sutiles del Espíritu Santo, liberados dentro del prana, o chi, que entra en sus pulmones, corazón y sistema nervioso. Esta substancia de éter es una infusión de luz que entra en el sistema circulatorio mediante la respiración profunda y se siente un estado extático de gozo y felicidad interna.

Establecer y mantener armonía en el cuerpo físico nos da un cierto impulso que requerimos para equilibrar los vestigios finales de nuestro karma. Yo creo que, en muchos casos, las personas que no hacen ejercicio van a tener más dificultad en acelerar el pago de su karma. El maestro de Bulgaria Peter Deunov, quien fundó el movimiento de la Gran Hermandad Blanca en Europa Oriental a principios del siglo XX, estaba en muy buena condición física, aun cuando tenía una edad avanzada. Él se iba de excursión, caminando más rápido que muchos de sus discípulos más jóvenes, escalando la montaña para ir a los Lagos Rila en Europa Oriental donde tenían sus conferencias de verano anuales. Del mismo modo, ¡su discípulo Omraam Mikhaël Aïvanhov continuó llevando a sus discípulos a hacer fuertes ejercicios cuando era un hombre de más de ochenta años! Antes de que Gautama Buda dejara el reino de su padre para buscar iluminación, era un gran atleta. La larga jornada de Jesús a la India desde el Medio Oriente cuando era un adolescente fue una gran proeza que requirió mucha resistencia. Caminar es uno de los ejercicios menos intensos y el más beneficioso.

Muchos profesionales deportistas o atletas experimentados tienen más rojo en su campo áurico que los que no son atletas. Aunque algunas personas consideran que el color rojo es negativo porque corresponde a la rabia, espiritualmente hablando, yo creo que aparece más en los atletas por los concentrados niveles de prana que están fluyendo por su corriente sanguínea gracias a su actividad física y maestría. Nuestra sangre lleva la fuerza vital, la energía del Espíritu Santo que atraemos mediante la respiración. Si pudieran ver la sangre de la mayoría de los atletas y yoguis avanzados, a través de la microscopía de campo oscuro, verían muchos vibrantes glóbulos rojos cursando rápida y fácilmente por la corriente sanguínea. Sus corpúsculos fluyen libremente por los pequeños ríos del sistema circulatorio, demostrando que el ejercicio es una clave para la vitalidad tanto física como espiritual.

El reírse es una buena forma de ejercicio. Hace un par de años aprendí más acerca de la ciencia de Hasya Yoga—el yoga de la risa. Esta es una gran bendición para el plexo solar. Cuando nos reímos, contraemos y soltamos los músculos del abdomen y nuestros órganos internos reciben un masaje. La risa ayuda a aquellos que han sufrido grandes traumas o enfermedades, a experimentar rápidamente el restablecimiento de su salud. La actitud de gozo se contagia rápidamente, sin embargo, esto ayuda a erradicar las infecciones. La risa ayuda a crear un campo pránico de gozo y felicidad que beneficia el aura de todos los que nos rodean.

Ríanse todo el día como lo hacen los niños pequeños. Es nuestro estado natural ser dichoso, porque esto nos ayuda a mantener un estado de salud perfecto así como nuestra juventud. Los niños viven en el Ahora, sin inhibiciones, espontáneos, jugando y riendo. La ligereza de carácter nos ayuda durante épocas intensas y nos mantiene emocionalmente estables.

La inteligencia emocional es vital para tener un aura fuerte y sana, la cual requiere que tengamos un entendimiento del corazón y de la energía en movimiento. El estar conscientes del modo en que nos comunicamos, tratamos y nos relacionamos con otros es crucial para establecer relaciones amorosas, fructíferas y duraderas. Cuando elegimos tener una imagen positiva de otras personas, para apreciarlas y estimarlas, entonces construimos un aura de respeto e integridad alrededor de nosotros, lo que es parte de nuestro campo energético mayor.

Cuando pronunciamos palabras de amorosa compasión y amabilidad en vez de palabras que menosprecian a otros, hacemos amigos e influenciamos a la gente. Decir palabras y expresar emociones de las que más tarde nos arrepentimos, es señal de que no sabemos cómo amarnos a nosotros mismos. Sanar nuestra autoimagen es clave para tener una verdadera autoestima y ayudarnos a ser maestros de nuestros sentimientos por otros. Desarrollar un coeficiente de inteligencia (CI) positivo al nivel del corazón, significa que valoramos el estar centrados en el corazón y tener amorosa amabilidad, lo que nos ayuda a relacionarnos con todos los que nos encontramos a través del viaje de nuestra vida.

La inteligencia emocional también significa evitar tener cambios drásticos de humor, ya que eso puede ser problemático para nuestros seres queridos y compañeros de trabajo, por tanto no nos permitimos estar muy desarmonizados. Nos damos cuenta que Dios es quien hace todo y nuestro Ser Superior está a cargo de nuestra vida y de quienes somos finalmente. Mientras seamos positivos cuando contemplemos el mundo, la gente y nuestro trabajo o vocación. Mientras mantengamos una amorosa y entretenida actitud acerca de la vida misma, entonces el universo nos va a proveer de todo lo que necesitemos y ¡nuestras auras brillarán!¡Así siempre estaremos mirando a las alturas!

Mi esposa tuvo un accidente automovilístico hace algunos años. Poco después, nuestro quiropráctico evaluó el efecto del accidente en su columna vertebral y cuello a través del método de prueba muscular. Entonces al evaluarla, el notó que cuando ella miraba para abajo, la fortaleza de su brazo derecho disminuía; pero cuando ella miraba para arriba, su brazo se fortalecía—la diferencia era significativa. Yo veo esto como una sorprendente metáfora espiritual. Cuando estamos mirando hacia abajo, estamos agachados en vez de estar enfocados en lo que está en frente de nosotros—entonces estamos en desarmonía. Cuando estamos mirando hacia el sol—hacia nuestra bella Fuente— una inclinación natural hacia nuestra Presencia ocurre, la cual permite a la luz de nuestra Fuente hacer contacto con nuestros ojos y liberar una corriente de luz y fuego. Entonces nos sentimos entusiasmados, gozosos y agradecidos. Así el poder divino fluye hacia dentro y a través de nuestro ser.

Mediante la actividad del YO SOY, Saint Germain y otros maestros de sabiduría han explicado que podemos traer equilibrio y armonía a nuestros cuerpos a través de la visualización. Aun cuando no sean atléticos, se pueden beneficiar al visualizar salud y vitalidad fluyendo a través de ustedes desde su Ser Superior. Si tienen alguna enfermedad y no pueden hacer ejercicio con facilidad, traten de pasar por lo menos unos minutos cada día respirando profundamente y viéndose a sí mismos con salud perfecta.

Visualicen un intercambio energético de luz en sus órganos y alrededor de sus chacras para tener mayor fuerza. Esto va a afectar positivamente su campo áurico y van a sentir una sensación de enorme gozo. Cuando tengan ese equilibrio interior, todos los seres que los rodean lo sabrán y sentirán. La actitud positiva que desarrollen les traerá mayor salud y dicha. Ejercitar su cuerpo, corazón y mente construye una flexible y radiante aura, la que es una bendición para ustedes y para todo tipo de vida.

42

LA MÚSICA DEL AURA

Luego escuché una nueva melodía: una melodía viva,
algo así como la más magnificente, bella y compleja pieza musical
que jamás se haya escuchado.
—Eben Alexander, *M.D., La Prueba de la existencia del Cielo*

Cada alma tiene una clave tonal. Ésta es una canción del Espíritu que abre las puertas a nuestro Ser Superior. Esta es una interpretación de nuestra esencia, de nuestra divinidad, que ilustra, captura y expresa nuestra verdadera naturaleza; es la anotación musical de nuestra individualidad en Dios. Y cuando la música de nuestra alma se toca en cualquier parte del universo, nuestra aura vibra con una colorida resonancia y un bello brillo.

Cuando estamos armonizados con esta divina melodía del Espíritu que es nuestra clave tonal y hacemos lo necesario para atraerla en forma creativa, nuestra vida tiene un propósito. Entonces somos verdaderamente co-creadores con Dios. A través de la acción de esta corriente móvil de luz, mediante el tono y los elementos cromáticos de las cuerdas, nuestra canción asciende, desciende, resuena y crea un eco de tal manera que nosotros nos convertimos en parte de la gran música de las esferas. Esta es la canción del universo.

Desde el momento de nuestra concepción, lo que oímos tiene influencia sobre nosotros. Algunas personas, son influenciadas en el vientre y durante su niñez por música inspirada por la Divinidad y están conscientes de su Presencia a una edad temprana. Esta influencia las conecta con su propia canción interna del alma y con la gran música de las esferas. Esta personas cambian fácilmente a una consciencia más elevada, viviendo una vida compasiva, lo cual les ayuda a transmutar su karma y a cumplir con su razón de ser, su noble propósito en la vida. Cuando elegimos escuchar música de la más alta calidad, la que expone las virtudes de Dios, podemos crecer en benevolencia, abundancia y belleza de nuestra verdadera naturaleza.

Durante la lactancia y la primera infancia escuchamos música sublime que es de una calidad cristalina o angelical, entonces los patrones del alma se manifiestan con gran belleza—tal como ocurre al abrirse una flor. Tú probablemente has visto fotografías a intervalos de la naturaleza, has observado cómo crecen las plantas y las flores, abriéndose hacia el sol, para luego cerrarse por la noche. Los elementos expresivos de estas plantas y flores indican su verdadera esencia y belleza. Lo mismo sucede con nosotros. Yo creo que el sol y todas las estrellas emiten frecuencias que pueden ser escuchadas y sentidas por el reino vegetal, el cual es muy sensible. Si nos sensibilizamos, nosotros también podemos sentir y escuchar estas vibraciones y así armonizarnos con nuestro propósito más elevado a través del bello girar de los mundos siderales, los cuales con sus movimientos crean el bello sonido de la música.

Por supuesto que no todos han tenido el beneficio de escuchar música inspirada por la Divinidad mientras estaban en el vientre. Debido a la falta de conocimiento y comprensión de esta dinámica de parte de sus padres, algunos infantes experimentan el tener que escuchar los sonidos cacofónicos de la música rock y rap, u otros ritmos que no están alineados con el corazón. La música disonante (a la cual me referiré colectivamente como música rock), es discordante para el alma y su desarrollo divino. Desafortunadamente, en vez de acceder a su Ser Divino a través de la sublime música de las esferas, estas almas acceden a su ser carnal, inferior y no auto-realizado a través de las banales vibraciones e influencias de la música disonante.

Aquellos que continúan exponiéndose a las discordantes vibraciones de lo que, de hecho no es realmente música, terminan con sus auras desteñidas, oscuras e incoloras. Es desafortunado que ellos hayan elegido empaparse de todos los tipos de patrones distorsionados, palabras anárquicas, además de los elementos retorcidos y pervertidos de muchas de las bandas y grupos de música de hoy, que ignorantemente emiten un chorro de blasfemia en contra de la Luz Unica.

La mayoría de los músicos de rock no motivan a nadie a elevar su vida mediante la abnegación y el deseo de glorificar a Dios. Solamente le cantan al drama de la personalidad humana, no de los Mundos Divinos, o de la Santidad de la individualidad o Abnegación en Dios. A través de su magnetismo animal ellos capturan las esencias del alma de aquellos que resuenan con su disonancia. Ellos emiten un campo magnético a través de sus sonidos discordantes. Aquellos que son capturados en su red de ilusión continúan siguiéndolos y escuchándolos hasta el hastío, repitiendo sus palabras sin sentido, completamente bloqueados en su ritmo astral. Lo que estos así llamados músicos emiten, no merece ser llamada música. Eso es el mismísimo ritmo del infierno.

Este continuo ritmo cacofónico está gradualmente destruyendo el planeta, ya que la disonancia debilita el campo áurico de la Tierra porque muchas estaciones de radio se han convertido en emisoras de discordia. Los iPods, MP3s y los teléfonos inteligentes están alimentando los oídos de la juventud y los adultos con las vibraciones más viles de todas las eras, lo que ocasiona que sus chacras se cierren y sus auras se sellen en un capullo de veneno.

La oscuridad se infiltra en la Tierra, así como en la mente y en el alma de su gente a través de esta disonante música, por eso esta música debe simplemente ser reducida, si es que vamos a dar luz a una era iluminada de verdadero amor y compasión.

Las auras de estos perturbados músicos, productores y disc-jockeys que promueven esta clase de disonancia no reflejan nada de la luz. Ellos se han vuelto cenizos en su apariencia externa y en sus auras, las que se han vuelto negras o de color plateado. La única luz que exhiben es la luz que han extraído de aquellos que les escuchan, de aquellos que les otorgan energía al escucharlos con atención. Esta entera cultura es una cultura de inconsciencia y muerte, la antítesis de las culturas ancestrales de luz como aquellas que existieron en la tierra hace ya varias centurias en la India, en Lemuria y en Atlántida, por nombrar algunas.

Estas son palabras duras, sin embargo lo que está en juego es el futuro del planeta, de nuestros niños y de nuestra juventud. La música disonante es destructiva para el alma y para el planeta. La disonancia continua, eventualmente se infiltra en todos los aspectos de la cultura y la ciencia, introduciendo más y más anarquismo en nuestra sociedad.

La forma de prevenir que esta destrucción progrese, es educar a la gente acerca de lo que ocurre cuando varios tipos de música son tocadas, enfocándose en la influencia de la música en el alma y en el campo áurico. Si todos pudieran ver las auras de la mayoría de los músicos de rock, rap y jazz, su industria colapsaría literalmente de la noche a la mañana. La gente vería quienes son realmente estos músicos, ya que su música no tiene nada que ver con la verdadera esencia de Dios y la Radiancia Solar.

¿Cómo creamos en nuestro mundo la música de las esferas de nuestra identidad superior, para que nuestra aura pueda brillar continuamente con la luz de Dios? Lo hacemos al estudiar las vibraciones y el impacto de varias clases de música en el corazón y en los chacras. Nos hacemos más sensibles cuando nos damos cuenta de lo que está pasando dentro de nosotros en la medida que escuchamos la música. Descubrimos lo que aumenta la luz y la fuerza vital, así como también de lo que la degrada. Aprendemos lo que nos da una sensación de gozosa paz interna. Observamos lo que puede entusiasmarnos temporalmente del ruidoso sonido—debido al efecto en nuestros oídos y campo áurico—sin embargo éste, no tiene un efecto a largo plazo positivo en nuestro espíritu y ser.

Los Músicos de rock y aquellos que asisten a sus conciertos generalmente se involucran en beber excesivamente, sexo ilícito, además de consumir drogas psicoactivas y psicodélicas. Como resultado ellos se vuelven vacíos, su energía y su atención se despilfarran, generando un campo áurico sin color, sin gozo interior y sin Presencia. Ellos han permitido que su luz sea succionada por muchas ansiosas y astutas entidades desencarnadas.

Si observan países que han permitido que prevalezcan las influencias del rock, rap y música mecánica, ustedes pueden ver el declive gradual de la conciencia, el oscurecimiento del aura de la gente y el deterioro del campo áurico completo de la nación. Yo creo que el terremoto que ocurrió en Haití en enero 12 del año 2010, se debió principalmente al deterioro gradual del nivel de conciencia de su gente, debido a la gran cantidad de gente haciendo prácticas de vudú y de la emisión del ritmo de la muerte a través del rock, el rap y el reggae a escala nacional.

Cuando limpiamos y despejamos el aura por medio del perdón, el amor, la compasión, el gozo y las obras conscientes del Espíritu que traen más armonía al mundo, se proveen los medios para que la música retorne los verdaderos colores a nuestro campo áurico. La luz de arco iris de nuestra Presencia brilla. Nuestra inversión en la obra de la creación con los Elohim y los constructores de la forma nos provee la bella experiencia de un mundo nuevo.

En abril del 2011 mi esposa y yo asistimos a una presentación Sinfonía del Nuevo Mundo de Dvorák's, en Billings, Montana. Mientras la orquesta tocaba el público veía imágenes de bellas fotografías de la naturaleza. Antes de cada uno de los cuatro movimientos de la sinfonía, se proyectaron en la pantalla pasajes del poema de Longfellow" La canción de Hiawatha." El conductor explicó que Dvorák había venido a los Estados Unidos con la ayuda de una generosa beca. Él escuchó la música de los pueblos nativos e hiló elementos de lo que había escuchado y visto en el tapiz de su obra.

La función fue maravillosa. Yo aproveché la oportunidad de la experiencia audio-visual para verme y aceptarme como un ser cristalino de armonía, emanando luz, sintiendo las ondas de energía de la música, ampliándolas y enviándolas a toda América para bendecir a toda vida. La Sinfonía del Nuevo Mundo captura bellamente lo que Estados Unidos siempre ha estado destinado a manifestar como una nación de gente iluminada, dedicada a la libertad, la justicia y la verdad. Les recomiendo que escuchen las obras de Dvořák porque son verdaderamente poderosas.

La directora de la orquesta, quien estaba en el centro mismo de la emanación de luz a través de la sinfonía, sonrió durante toda la función y yo sentí su espíritu elevar a todo el público. Sus movimientos eran elegantes y conscientes. Al cerrar los ojos, vi arriba de ella un gran ser de luz orquestando y dirigiendo la sinfonía a través suyo. Todo el auditorio estaba lleno de ángeles, cada músico tenía arriba un deva de música, un espíritu que es como un ángel o musa. Así como hay una primera silla en las varias secciones de instrumentos, hay un deva de música que dirige a otros ángeles, quienes inspiran e irradian luz por medio de la habilidad, destreza y pericia de los músicos. Al final del concierto, el público se puso de pie dando varias grandes ovaciones.

Hay una acción de luz entre el cielo y la tierra en donde quiera que se toquen estas bellas sinfonías, las que traen paz por todo el mundo y bendicen a las ciudades en donde se interpretan. Cuando las pasan por radio o por Internet, los que escuchan reciben la visita de un ángel porque los coros de ángeles se mueven y danzan alrededor de la Tierra para bendecir a todos los que las escuchan.

Después del intermedio escuchamos el Concierto No. 5 de Beethoven, también es conocido como El Concierto del Emperador. Es una de las piezas más poderosas que jamás se haya escrito. El pianista era fantástico. Con gran vitalidad usó sus chakras de rayo cristalino a través de las manos, los pies y el corazón para hacer una gran labor de luz. Mientras la música emanaba, yo cerré los ojos y sentí el aumento de luz a través del campo áurico de todo el público. Las estructuras de las cuerdas del Logos salieron como una dinámica expresión del ser. Los músicos tenían maestría en tocar con gran vivacidad—cada nota en perfecto orden secuencial—siguiendo con ritmo preciso la batuta del maestro.

La música de Beethoven entrega al que la escucha adornos cósmicos de luz. El Concierto del Emperador es verdaderamente una obra de ciencia divina y arte celestial. Es una creación que puede ser escuchada una y otra vez—y esta elevará sus espíritus cada vez Transmite el orden divino del cielo y activa luz cósmica. Cuando me desperté a la mañana siguiente del concierto, había llovido y toda la atmósfera de la ciudad había cambiado.

El aura se puede cargar con luz cuando escuchamos y sentimos profundamente la música inspirada divinamente en el corazón y en el alma. Puede ser usada en meditaciones para entrar en un espacio sagrado, y así absorber toda la luz de su Presencia. A través de la música que es pacífica y calmante para el alma, nuestra aura empieza a brillar con más luz, ya que una nueva era de entendimiento y verdad emerge desde el interior.

43

LA ALEGRÍA AUMENTA
LA LUZ DEL AURA

El corazón latente del universo es la alegría divina.
—Martin Buber, *citado en Simplicidad: El Arte de Vivir*
Por Richard Rohr

La alegría es el motor de la vida y es lo que da energía a nuestras auras. Cuando la gente está llena de alegría, hay un brillo especial dentro y alrededor del aura, lo que es bello porque la alegría es una virtud divina y un elemento importante de nuestro sendero espiritual. La alegría es una esencia de luz viviente, y el Gran Sol Central emite un cuociente de fuego espiritual para cada sol del cosmos, entonces esa alegría es derramada sobre nosotros por nuestro propio sol y nuestra propia Presencia Solar. Todos estos soles están constantemente emanando a nuestra Tierra tremendas ondas y partículas fotónicas de energía divina—¡las cuales están todas empaquetadas en alegría!

La clave tonal musical de Jesús es "Alegría al Mundo" (Joy to the World).La clave tonal musical de Gautama Buda es el cuarto y final movimiento de la Novena Sinfonía de Beethoven, el que incluye "Oda a la Alegría," cuya letra proviene de un poema épico de Goethe. Estos dos grandes avatares y maestros mundiales—Jesús y Buda—incorporaron la sagrada energía de la alegría en su vida y la compartieron con sus discípulos en enseñanzas privadas. Aun ahora, en su estado ascendido, continúan expandiendo su propia llama de la alegría. Están iluminando a almas mediante la sabiduría y la iluminación, lo que aporta una gran alegría a los que son impactados por su ejemplo de amor puro y compasión.

Incorporar la alegría en nuestra práctica espiritual resulta en la creación de un aura de armonía y paz para que nuestra jornada pueda ser divertida y sin morosidad ni ansiedad. Durante la era de Piscis, muchos caminaron el sendero de la *vía dolorosa*. En esta época en que la era de Acuario está amaneciendo, todos estamos destinados a caminar el sendero de la alegría y la ligereza: la forma gloriosa ¡*la vía gloriosa!*

Mucha de la música que se llama "the blues" (los azules) realmente crea un color gris en el aura, no azul. Es la música del camino doloroso—"¡Ay de mí!" "Mi amante me dejó." "Estoy deprimido," etc. ¡Esta música debe ser remplazada por la música de alegría y del sendero divertido en la luz! Es hora de que los azules (the blues) den lugar a los verdaderos azules: las alegrías.

La alegría nos permite incorporar las energías del Nuevo Azul, las felices y juveniles energías que El Morya y otros maestros nos han compartido. En nuestra época—del amanecer de la Era de Acuario— la nueva música Azul va a ser una música de alegría, no de tristeza. Podemos ayudar a crear este cambio tocando y escuchando música bella e inspiradora, como la que cantan algunos de mis cantantes favoritos: Hayley Westenra, Jackie Evancho, Charlotte Church, Andrea Bochelli y Juan Diego Flórez, entre otros.

Yo respeto la creatividad de la gente que compone música improvisada de todo género porque creo que la espontaneidad es un aspecto del Espíritu Santo. Sin embargo, ¿qué cosa buena puede venir en concentrarse en desilusiones pasadas y las espirales descendientes de relaciones que han terminado, o que ocurrieron en épocas malas? Ya es hora de limpiar el pizarrón y permitir que la música de la alegría pura viaje alrededor del mundo y sea cantada en todas partes.

¿Cómo nos sentimos cuando escuchamos música de Navidad como "Alegría al Mundo" y participamos en la celebración de la venida del Hijo de Dios a la Tierra? Nos enaltece; nos sentimos más amigables, amorosos y amables, mientras comulgamos con ángeles y pensamos en los Reyes Magos, en los pastorcitos, en los animales y en los espíritus de la naturaleza que estuvieron presentes esa sagrada noche en Belén. Yo creo que Dios planeó que los que vivimos en el Hemisferio Norte tengamos la oportunidad de escuchar esta inspiradora música durante el tiempo más oscuro del año. Cuando los ángeles están presentes a través de su celestial música, todos nos sentimos mejor.

Un regalo milagroso de alegría para nuestro mundo es la luz laser violeta (discutida en el capítulo 22), amorosamente compartida con nosotros por el Maestro Saint Germain, defensor de la libertad y maestro alquimista de la luz de la alegría. Todas las prácticas espirituales se pueden beneficiar con el uso de este campo de energía de transmutación porque en su núcleo está el fuego de la alegría pura. La auto-transformación es una actividad de alegría porque al progresar en el sendero espiritual siempre recibimos nuevas oportunidades de servir a otros con alegría. El fuego violeta de la libertad y la transmutación nos permite acelerar la sanación de nuestro pasado, en la medida que borramos completamente antiguos registros y aceptamos un nuevo estado del ser dentro del campo de luz en la alegría de Dios.

¿Se acuerdan de la película Forrest Gump, en la cual Forrest se había vuelto famoso como corredor de largas distancias y había estado corriendo sin parar por meses? Por un giro del destino, se limpia la cara sucia en la camiseta que le dio un vendedor en problemas. Una cara sonriente aparece milagrosamente en la camiseta. El vendedor tiene una idea brillante y procede a ganar mucho dinero con la venta de este símbolo universal de felicidad y alegría. Hoy millones de personas incluyen la cara sonriente en sus correos electrónicos, textos y chats.

La alegría es una panacea divina. Yo creo que cuando estamos fluyendo y enfocados en nuestro trabajo espiritual, un elemento natural de alegría entra en nuestra consciencia, lo que permite que nuestras auras sean purificadas y empiecen a brillar. Cuando estamos en la "zona" de nuestro trabajo más elevado, es decir nuestra verdadera vocación, somos felices. Espero que todos ustedes hayan encontrado su perfecta vocación, lo que les trae la mayor alegría. Si no es así, todavía hay tiempo para hacerlo y cambiar a una nueva vocación, de tal forma que te encante lo que haces.

Si están jubilados o tienen una edad avanzada, hay muchos aspectos de su vocación espiritual que pueden florecer en su vida y aportar así gran alegría a su alma y al mundo. Ustedes pueden dedicarse a cumplir su propósito superior a través de su trabajo espiritual. Yo creo que esto es lo que nos trae la mayor alegría.

44

LOS CHAKRAS COMO FOCOS DE LA CONCIENCIA DE DIOS

*Sólo la consciencia portadora de luz
del corazón puede llevar al cuerpo sutil a los reinos superiores.*
—El Morya, *"Corazón"*

Los chakras son centros sagrados de luz en nuestros cuerpos electrónicos de luz y son la clave para nuestra salud y vitalidad. Son focos de la Consciencia de Dios, de nuestra Percatación Solar más elevada, lo que permite que la luz de nuestra Presencia sea anclada allí y fluya por nuestro campo áurico. Cuando tenemos chakras equilibrados y resonantes hay un mayor flujo de energía y luz dentro de nuestras auras.

¿Cómo se desequilibran los chakras? Hay una tendencia a veces —que ocurre debido a la entropía y el aburrimiento espiritual— la cual puede rebajarnos al nivel de la consciencia de las masas. Se necesita un gran impulso de energía para poder ser constantes en nuestras prácticas espirituales y así poder retornar a nuestro estado original de unión con Dios. Cuando estamos en el estado eterno del Ser y del equilibrio armónico, nuestros chakras están alineados y la energía fluye libremente por nuestro campo áurico.

El campo áurico se supone que debiera ser un resonador de las virtudes y cualidades de Dios. Cada uno de los siete chakras principales debiera enfocarse en las cualidades expresivas de una virtud divina. Además hay doce sub-virtudes asociadas con cada uno de los 12 chakras primordiales(es decir los 7 chakras principales mas 5 chakras secretos), dando así un gran total de 144 virtudes. Éstas son las quintaesencias del Espíritu que el Gran Sol Central emana, las cuales nosotros podemos aceptar y asimilar mediante nuestros chakras y dentro de nuestro campo áurico de luz.

Si hemos trabajado conscientemente para desarrollarnos espiritualmente, un cociente de luz equilibrado corre por nuestros chakras, el cual entonces gira fluida, vigorosa y rigurosamente. En la medida que nuestros chakras son aceitados por nuestra devoción, entonces experimentamos una acción más elevada de frecuencias más refinadas dentro de nosotros. Estas frecuencias a su vez nos permiten armonizarnos a las vibraciones de nuestro Ser Superior, a los Maestros Ascendidos, a grandes Seres Cósmicos y finalmente al Gran Sol Central.

En el centro de cada chakra hay un sol. El resplandor de este pequeño sol facilita que se aceiten los ejes de luz que se extienden a las regiones exteriores del chakra. Estos ejes son como los rayos de una rueda y están relacionados con los diferentes pétalos del chakra. Mediante el girar de los pétalos, un campo armónico natural se crea dentro y alrededor de cada chakra, lo que puede ser escuchado como un zumbido sutil. El proceso de afinar nuestros chakras nos ayuda a armonizarnos con frecuencias más elevadas, con campos de energía divina en los mundos etéricos.

Benjamín Franklin intentó encarnar trece virtudes que fueron inspiradoras para él. Él trabajó diligentemente en cada virtud hasta sentir que se había convertido en la esencia más elevada de esa virtud. Las siguientes son las trece virtudes en las que él trabajó:

1. *Abstinencia:* No comer ni beber en exceso;
2. *Silencio:* Sólo decir lo que puede beneficiar a otros o a ustedes mismos; evitar conversaciones no significativas;
3. *Orden:* Permitir que todas las cosas tengan su lugar; permitir que todas las partes relacionadas con sus asuntos tengan su tiempo;
4. *Resolución:* Resuelvan hacer lo que deban hacer; ejecuten lo que deciden hacer sin fallar;

5. *Frugalidad:* Sólo gasten para hacer el bien a otros o a si mismo; es decir, no desperdicien nada;

6. *Diligencia:* No pierdan tiempo; siempre ocúpense en algo útil; evite los actos innecesarios;

7. *Sinceridad:* No engañen a nadie; piensen con inocencia y justicia hablen de acuerdo con esto;

8. *Justicia:* No hagan daño a nadie con injurias u omitiendo los beneficios que tienen el deber de proveer;

9. *Moderación:* Eviten los extremos; absténganse del resentimiento por injurias aunque piensen que son injustas;

10. *Limpieza:* No toleren la suciedad en el cuerpo, la ropa o la habitación;

11. *Tranquilidad:* No permitan que les molesten las cosas insignificantes, así como accidentes comunes o inevitables;

12. *Castidad:* Raramente participen en indulgencia sexual, sólo por salud o progenie; nunca por aburrimiento, o debilidad o por hacer daño a ustedes mismos, o para afectar la paz o reputación de otro;

13. *Humildad:* Imita a Jesús y a Sócrates.

Incluyo estas virtudes para nuestra propia meditación y reflexión. Cuando amorosamente encarnamos estas y otras virtudes, ocurre un enganche y una aceleración respecto de la rotación de los chakras dentro del campo áurico, lo cual es algo bello de contemplar.

Alrededor de nosotros, existe oposición a que podamos percibir naturalmente, el estado divino de cada hijo e hija de Dios. De vez en cuando adquirimos anomalías, que desafortunadamente, se quedan alojadas dentro de nuestro campo áurico. Estas matrices oscuras pueden residir dentro de nuestra mente subconsciente o dentro de un área llamada el cinturón electrónico y son contrarias a las virtudes divinas. Incluso podríamos empezar a experimentar un estado de estancamiento, letargo y depresión. Depende de nosotros trabajar en nosotros mismos para transmutar y disolver del aura, estos casi imperceptibles engramas y patrones negativos, para que una vez más podamos vibrar sincronizados con nuestra gran Presencia Divina.

En *Estudios Intermedios del Aura Humana* por Djwal Kul, hay ilustraciones de lo que ocurre en el aura cuando la gente se involucra en varias actividades oscuras. El libro describe patrones que aparecen en el aura de los magos negros, en los que concentran su energía en la esfera mental y en los que tienen un corazón tan receptivo que su luz baja del corazón al plexo solar. Cuando yo noto que alguien está siendo receptivo, en vez de ser empático, siento un sentimiento triste alrededor de mi corazón, que definitivamente desciende al área de mi plexo solar.

¿Cómo vamos más allá de esto y permanecemos conectados a nuestro estado de divinidad y amor? ¿Cómo evitamos caer en actividades negativas y relaciones indeseables que no nos sirven para nada? El sol dentro de cada chakra es la clave. Armonizarse con la esencia de cada chakra, dentro de su núcleo, nos conecta con su propósito, el cual es facilitar nuestro crecimiento y desarrollo espiritual. Cuando nuestros chakras están abiertos y girando, podemos recibir la luz de nuestra Fuente para lidiar y vencer los elementos más oscuros de nuestro ser irreal que aún quedan por resolver.

Es por esto que contemplar el sol y usar las ciencias solares son tan importantes. Cuando miramos al sol y meditamos en nuestra Presencia Divina, recibimos—dentro de la presencia solar de cada chakra y dentro de cada célula—un rayo de energía inteligente que activa los procesos naturales de nuestro crecimiento espiritual. Podemos acceder a nuestro potencial más elevado dentro de estos centros sagrados de luz, porque estos son portales a nuestra Divinidad. No buscar estar en contacto con el sol y no enfocarnos en nuestra Presencia Divina es como tener la cortina de la ventana cerrada—no podemos verdaderamente ver o sentir toda la intensidad de la luz del sol con sus energías vivificantes que pueden curarnos y traernos paz.

Mucha gente ha sido condicionada a pensar que usar lentes oscuros es necesario cuando estan bajo el sol. Varios practicantes bien intencionados nos dicen que mucho sol es dañino—y en cierto modo tienen razón. Sin embargo proteger nuestros ojos completamente de la luz del sol con lentes oscuros, impide que recibamos todos los bellos, así como benéficos rayos y frecuencias que necesitamos para la vida misma. Yo opino que usar lentes oscuros constantemente significa que alguien desea cubrir su visión interna y evitar así contemplar a su verdadera identidad, a su Presencia Solar, a su Ser eterno.

Yo les aconsejo que pasen más tiempo en el sol sin usar lentes oscuros. Por supuesto que a veces es esencial usarlos, como cuando están manejando mirando de frente al sol o cuando deben cubrir sus ojos para protegerlos de cualquier daño. Pero en general es importante permitirse pasar tiempo sin usar lentes oscuros, para que las emanaciones divinas de las virtudes de Dios hagan contacto con la retina—sin mirar directamente al sol, sino mirando levemente hacia un lado, cerrando los ojos si es necesario, mientras que continúan absorbiendo la hermosa luz de Dios.

Cuando los chakras están girando y vibrando en el bello campo de energía del aura, todas las células que existen dentro del cuerpo energético—nuestro cuerpo de luz—son naturalmente nutridas. Las bellas virtudes y emanaciones de consciencia—son nuestro verdadero alimento espiritual, el cual ocurre a través de los chacras, que son focos para la alimentación de nuestro campo electrónico.

Como adeptos espirituales estamos destinados—energéticamente hablando—a comer fuego y beber luz, como el maestro Omraam Mikhaël Aïvanhov ha dicho. Cuando aceptamos que tenemos dentro de nosotros las virtudes del Gran Sol Central—que han descendido a nosotros a través de las galaxias, los sistemas solares, nuestra propia Presencia Divina y los cuerpos causales de los maestros ascendidos—nos sentimos avivados e iluminados. Meditamos en la luz y en toda su bella gama que fluye a través de nosotros para bendecir a la vida. Entonces nos sentimos libres y diáfanos.

Nuestras auras comienzan a brillar como el aura del sol. Ésta es nuestra meta: que nuestras auras completamente reflejen y se parezcan al sol. Nuestros padrinos espirituales viven en el sol—ellos son perfectos ejemplos de vitalidad, longevidad, belleza, armonía y gracia. Nos re-energizamos cuando nos unimos a las corrientes divinas del sol y encarnamos nuestra propia consciencia del Hijo—ambos, como el Hijo de Dios y como Sol—como los seres solares que realmente somos.

Si deseamos más luz, podemos abrir un flujo mayor para tener acceso a los recursos divinos de Dios, teniendo el corazón, la mente y el alma abiertos. Podemos permanecer conscientes para mantener nuestra visión abierta. Esto nos permitirá recibir inspiración, en la forma de iluminación y sabiduría desde nuestra mente superior y desde nuestra Fuente Divina. Los rayos del sol que brillan sobre nosotros también nos traen mensajes visionarios de parte de nuestro Ser Real, porque nuestra Presencia Solar es una con el Sol. Nuestra tarea es discernir su significado para nosotros en el ahora e interpretar cómo podemos aplicarlos en forma práctica en nuestro diario vivir.

Parte de lo que he compartido en este capítulo puede parecer esotérico. No obstante, cuando mediten en su Presencia Divina y usen las ciencias solares en su vida, van a empezar a tener mayor acceso a mayores y mejores recursos espirituales dentro de ustedes mismos. El entendimiento va a fluir a ustedes mediante todo tipo de bellas revelaciones, así como destellos de conocimiento y sabiduría. Espero que cuando esas revelaciones vengan a ustedes, las escriban en su diario. Permitan que resuenen dentro de su mente y dancen dentro de su corazón por un tiempo, para que se sientan completamente facultados por las experiencias nuevas que se estarán desarrollando dentro de ustedes. Sus vibrantes chakras en su campo áurico avivado estarán ahora empezando a vibrar en resonancia con la música de sus almas, de la sinfonía del sol, de la música de las esferas. ¡Estarán viviendo entonces, en un maravilloso mundo nuevo de gloria divina y dicha solar!

45

LA RED DE LA VIDA
Y EL ÁRBOL DE LA VIDA

Hay un fuerte e invisible contacto entre toda la humanidad.
Algunos nativos americanos llaman a este enlace "el cuerpo largo," lo
cual es la creencia de que todos están unidos a un cierto nivel espiritual.
—Dannion Brinkley, *En Paz en la Luz*

Una vasta y sorprendente red vital nos conecta energéticamente a todos. Esto en el oriente, se le llama antahkarana. Nunca me voy a olvidar de la primera vez que vi "El Rey León" en el cine, cuando escuché la letra y música de la canción "Círculo de Vida", sentí una intensa energía pasando por mi espina dorsal y por todo mi cuerpo, lo cual trajo lágrimas a mis ojos. Aunque la música era intensa y dramática, también sentí en el fondo de mi alma, la conexión entre todas las formas de vida mencionadas en la letra de la canción. Tiempo después, cuando fuimos con mi familia de vacaciones al parque "Reino Animal" en Disney World y vi la versión teatral del "Festival del Rey León", otra vez me sentí inundado con el mismo intenso sentimiento de unidad con toda vida.

Este círculo, o red de vida, nos permite comunicarnos al nivel del alma y ser uno con todo ser consciente a través de la energía del amor en nuestro corazón. Cada telaraña es una maravilla arquitectónica, que nos da indicios de cómo la Divinidad creó esta complicada matriz universal de realidad, la cual de un modo sutil nos une a todos.

Al estudiar la forma en que la araña hila su telaraña, podemos aprender algo acerca de cómo nuestra propia relación con todos y con todo se debe formar. La araña difunde desde su interior hebras de una fuerte substancia sedosa, con una fuerza dúctil comparable a una aleación de acero. Primero las extiende entre dos puntos en un amplio perímetro. Luego continúa construyendo una cuadrícula, después de lo cual hila una fantástica estructura en espiral entre los dos puntos, la que es flexible y durable. Finalmente, descansa en el centro de su creación, y espera su comida.

Para tener significativas y duraderas relaciones podemos extraer de nuestro interior nuestra verdadera esencia, lo que crea una base para compartir nuestros dones de amor con otros. Cuando primero entendemos nuestra propia naturaleza divina y establecemos una conexión con nuestra Fuente, entonces podemos expandir nuestra consciencia al establecer muchas conexiones conscientes con otros que resuenan con nosotros.

Nuestro árbol familiar también es la base dentro de la red de la vida. Nos permite experimentar todo lo que es esencial para el crecimiento de nuestra alma y auto-maestría. Generalmente encontramos los aspectos más difíciles de nuestro karma embebidos en la dinámica de nuestras relaciones con los miembros de la familia y de los compañeros de trabajo más cercanos. Cuando resolvemos nuestros problemas con ellos, transmutamos antiguas hebras kármicas y empezamos a hilar nuevas hebras dorado-cristalinas, formando una nueva y bella red de luz, por medio de la cual podemos dar lo mejor de nosotros al universo. De este modo, en cada vida experimentamos nuestro árbol kármico y el árbol de nuestro dharma.

El Árbol de la Vida, como un símbolo de nuestra verdadera realidad y nuestro sendero místico hacia la unidad, también es una clase de red. Los adeptos eventualmente se dan cuenta de que éste se encuentra dentro de nosotros. El árbol aparece como una importante matriz en muchas religiones—en el Cristianismo en los libros del Génesis y del Apocalipsis, en el árbol Bodi del Budismo, y en el árbol banyan del Hinduismo, en la Cábala—el Judaísmo místico—es una explicación de la estructura del universo.

Nosotros tenemos nuestro propio árbol interno, que es la súper estructura de nuestro ser, creado en la imagen y semejanza de Dios—¡y es bellísimo! Nuestro templo corporal se parece a un árbol. Algunos pintores de la nueva era como Mario Duguay, cuyas pinturas aparecen en este libro, frecuentemente utilizan el árbol como un símbolo místico de nuestra naturaleza divina. Dentro de nuestro propio ser y la red mayor de la vida, primero nuestra semilla germina; luego echamos raíces profundas en la tierra y finalmente el tronco de nuestro árbol se eleva con sus muchas ramas, hojas, flores y frutos.

Nuestra red de vida es mayor de lo que inicialmente intuimos, debido a la interconexión entre nosotros y todos los que hemos conocido o con quienes nos hemos relacionado en todas nuestras vidas. Una importante enseñanza budista dice que durante todas nuestras encarnaciones en la Tierra, hemos dado a luz a todos los seres y todos ellos nos han dado a luz a nosotros. ¡Este extraordinario concepto nos ayuda a disolver todo sentido de separación y cualquier sentimiento de que otros son inferiores o superiores a nosotros!

Cuando nos damos cuenta de nuestra verdadera naturaleza conectada a todos los seres, vemos la red de la vida como un mandala centelleante que todo lo abarca y en el cual todos los seres creados en el universo evolucionan; entonces podemos re-integrarnos con todos, mediante relaciones positivas y amorosas, usando un lenguaje consciente y compasivo. Incluso nos podemos comunicar mediante la red, usando las hebras dorado-cristalinas (como las de la telaraña) para enviar mensajes de luz y amor a todos—ya sea que estén lejos o cerca. A veces sentimos que estamos caminando en un laberinto en vez de un sendero recto. Sin embargo, si aprendemos a movernos suavemente como la araña, podemos navegar rápidamente por este laberinto sin perdernos.

Antes de nacer, nuestra alma hace un plan de vida con el maestro, o maestros, que la patrocinan, bajo la guía de un augusto cuerpo espiritual conocido como la Junta Kármica. En cada punto de nuestro sendero de iniciación, podemos encontrar líneas de fuerza que se interceptan dentro del antahkarana de la vida, las que representan oportunidades para resolver nuestros problemas kármicos. Cuando decidimos vivir en la luz del amor, misericordia y perdón, hay una explosión espiritual en estos puntos de conexión. Así cuando hemos crecido lo suficiente para empezar a dominar cada lección, avanzamos hacia la siguiente exitosa iniciación, hasta que hayamos hilado un bello y glorioso mandala de luz. Entonces regresamos al centro de la seidad pura para vivir los frutos de lo que hemos creado durante nuestras muchas vidas—consciencia presente, creatividad, belleza y dicha.

Impactamos la red de la vida a través de todo el universo, creando maravillosas vibraciones y ondas de sonido y luz mediante las emanaciones de nuestro corazón cuando amamos—mediante nuestra voz al hablar la verdad; mediante nuestro cuerpo emocional al proyectar sentimientos de paz y armonía desde nuestro plexo solar; y mediante el tercer ojo—cuando visualizamos perfección y pureza manifestándose en todas partes. Como los profesores del Institute of HeartMath(Instituto de la Matemática del Corazón)han dicho, cuando estamos vibrando en coherencia (resonancia espiritual) con otros, asombrosas frecuencias inter-dimensionales y multidimensionales se mueven y se expanden por la red de vida para restablecer armonía y equilibrio en todas partes.

El Señor Krishna, Gautama Buda, Kuan Yin, Maitreya, Jesús, Madre María, Lao Tse, Confucio y muchos otros maestros, crearon bellas redes de luz dondequiera que caminaron por la Tierra—donde hablaron, enseñaron, intercedieron, perdonaron, sanaron y amaron a toda vida libremente. En cada experiencia compartida a lo largo de sus vidas conscientes y centradas en el corazón, había una explosión de fuego espiritual que salía desde sus corazones en ese punto de la gran red de sus vidas. Se hicieron milagros y el amor volvió a nacer. Elevaron el mándala completo de la humanidad con sus sagrados ejemplos de divinidad, misericordia y perdón—¡ustedes también pueden hacer lo mismo!

¿Qué vamos a ver cuando terminemos nuestro trabajo en la Tierra? ¿Habremos hilado bellas hebras de luz espiritual mediante nuestra aura como resultado de nuestras relaciones con otros que permitan "encender la red" por eones de tiempo? Si pudiéramos verdaderamente ver todo lo que hemos hecho, yo creo que nos sentiríamos impactados al ver las conexiones que hemos hecho y el efecto que hemos tenido en la vida de otros y en el cosmos mismo. Cuando revisemos nuestra vida, vamos a darnos cuenta otra vez de lo importante que es vivir conscientemente. Porque mediante el aura, los pensamientos y los sentimientos, estamos constantemente emanando ondas de energía que afectan tantas vidas.

Traten de seguir el hilo de un pensamiento—mediante el ojo de su Mente Superior—para ver sus efectos en la vida. Contemplen cómo una idea progresiva, una palabra amable, o un acto caritativo puede impactar a muchas vidas, iniciando toda clase de respuestas en los vecindarios, comunidades, culturas y mundos mucho más allá de la imaginación. Nosotros somos responsables de cada pensamiento, sentimiento, palabra y obra, porque ellos son entidades vivas que trabajan ya sea haciendo el bien o algo inferior alrededor del mundo.

Cuando nos inclinamos ante la luz de cada persona con quien nos encontramos—hasta de aquellos que inicialmente tratamos de evitar o analizar—afirmamos o re-afirmamos su divinidad. Al evitar chismear y decir sólo cosas buenas de otros, bendice a la vida y engendra un aura de paz dentro y fuera. Enfocarnos en el resplandor puro del Ser Superior de cada uno, trae paz a todo nuestro entorno.

Traten de pasar un período de veinticuatro horas hablando sólo de lo que desean crear y no de lo que quieren evitar. Cuando somos positivos, armoniosos y estamos en paz con nosotros mismos, magnetizamos toda la abundancia que requerimos.

Nosotros co-creamos nuestro propio círculo de vida a través de nuestras decisiones e interacciones. Mediante el uso de nuestro libre albedrío, podemos escoger relacionarnos o no relacionarnos con otros; hablar o estar en silencio y escuchar; caminar en la red o permitir que sus aspectos mundanos nos atrapen. Cuando elegimos emanar amor, la luz espiritual fluye desde nuestro corazón y nuestra aura afecta a toda la red de la vida, la que suavemente tiembla con un nuevo aliento de gracia.

46

RESTAURANDO NUESTRO DISEÑO ORIGINAL

Mediante el Pensamiento Divino
Yo me permitiré que tanto el amor como el pensamiento me atraigan
hacia la presencia de mí Ser Superior....Y entonces yo me encontraré a mí
mismo en un estado expandido de luz y amplitud.
—David Spangler, *Aprendíz del Espíritu*

El diseño original de nuestra esencia divina, de las eras pasadas, cuando fuimos creados en la imagen y semejanza de Dios todavía existe a un nivel superior de nuestro ser. Este es semejante a lo que Emerson llamó el Alma Suprema. Esta ideación perfeccionada de nuestra Divinidad, vibra con una frecuencia más allá de lo que clarividentes pueden ver dentro del aura humana, porque existe en una emanación áurica más sutil de nuestra Presencia Solar. Nuestra labor a través de las eras, consiste en hacer contacto con este diseño y trabajar decisivamente para manifestarlo en nuestras vidas diariamente.

Mediante el recorrido de nuestra alma a través de su jornada de involución y evolución en muchas dimensiones del ser, hemos cosechado auto-maestría en el sendero iniciático de luz, aprendiendo a tener acceso a las virtudes de Dios y luego a expresarlas bellamente. Cada virtud es una fruta de nuestro propio árbol de la vida y expresa un aspecto de nuestro diseño original. En la maravillosa conceptualización de Dios, de la vida en toda su gloria, es sorprendente considerar que cada uno de nosotros es diferente y que cada uno de nosotros tiene un diseño único. Y juntos, con todas nuestras esencias combinadas, constituimos el mandala de vida como lo experimentamos en nuestro sector particular del universo.

Cuando tenía casi quince años, leí un libro llamado La Vida Secreta de las Plantas por Peter Tompkins y Christopher Bird. Los autores compartieron la dramática documentación científica de Cleve Backster, que probaba que todas las plantas tienen consciencia y sentimientos. Backster conectó varias plantas a un polígrafo para grabar sus reacciones cuando recibían ciertos estímulos. El descubrió que las plantas reaccionaban muy parecido a como lo hacemos nosotros.

Todo ser viviente tiene un campo áurico. El diseño de una planta contiene la semilla ideación de cómo está destinada a crecer, florecer y madurar. Si es una planta que produce semillas, ésta procrea nuevas plantas, y la continuidad de la especie sigue adelante.

Nosotros también estamos constantemente procreando de diferentes maneras—especialmente a través de nuestros pensamientos. Varios maestros, incluyendo a Omraam Mikhaël Aïvanhov, han enseñado que los pensamientos son en realidad entidades conscientes, que poseen una vida o una esencia propia. Es por eso que William James y luego Norman Vincent Peale, dijeron:, "Los pensamientos son cosas." Y la Biblia dice: "Como piense un hombre en su corazón, así es él."

Cuando nuestros pensamientos son puros y bellos, estos son sellados por musas divinas en ovoides de luz y consciencia, los cuales continúan vibrando y viajando en el espacio para agraciar la mente de la humanidad y del universo como un todo. Cuando muchas mentes los consideran y reflexionan sobre ellos, estos "seres de pensamiento" atraen más energía hacia sí mismos, transformando culturas enteras, civilizaciones y mundos. Los pensamientos pueden ser poderosas herramientas para cambiar las tendencias a nivel planetario.

Los pensamientos de los maestros ascendidos y seres divinos son precipitados instantáneamente como realidades manifestadas en su dimensión, debido a la pureza de sus intenciones y consciencias—y por la alta frecuencia en que son ideados. De hecho, la tasa de vibración de los pensamientos de los maestros ascendidos pueden ser cientos, miles y hasta millones de veces mayor que nuestros pensamientos. En general, la humanidad todavía está aprendiendo a refinar los procesos de sus pensamientos; así que dominar éstos procesos requerirá que revistamos nuestros pensamientos con la energía de nuestros sentimientos y con la substancia de nuestra labor física para manifestarlos como realidades tangibles en nuestro mundo.

Nuestro campo áurico, el que refleja lo que estamos experimentando momento a momento, puede ser purificado y más sublime por medio de nuestros pensamientos divinamente inspirados, en la medida que nuestra Presencia Solar conceptualiza a través de nuestra mente. Mediante este proceso empezamos a materializar lo divino en nuestro mundo, exactamente donde estemos—"Venga a nosotros tu reino a la tierra, así como en el cielo."

Para entrar en los reinos inmortales de luz, debemos tener preponderantemente   santas intenciones, con pensamientos y sentimientos divinos continuamente fluyendo por nuestro ser. Obsérvense a ustedes mismos durante el día y noten dónde los llevan sus pensamientos, porque los pensamientos dirigen su consciencia y los llevan a diferentes lugares; los llevan a ustedes y a la esencia de su alma hacia arriba o hacia abajo. Cuando sus pensamientos están vibrando al nivel Crístico o Búdico, una energía natural fluye a través de su campo áurico la cual es bella de contemplar.

Los que tienen pensamientos inferiores tienen problemas en manifestar lo que requieren para tener una vida abundante. Esto es porque su consciencia no les permite tener acceso a todos los recursos del cielo en el momento, en el Ahora. Si tienen necesidades que no han sido satisfechas, una de las primeras cosas que pueden hacer es observar sus pensamientos y los sentimientos que acompañan a sus pensamientos. ¿Están llenos de gracia y belleza, revestidos con esencias de Bondad Divina? O ¿son inferiores, llenos de sus deseos o necesidades, o de aquello que les hace falta? ¡Elevar sus pensamientos puede cambiar todo eso!

Debido a que somos seres conscientes que tenemos el don

del pensamiento divino y la co-creatividad, somos completamente responsables de todo lo que pasa en nuestro mundo. Muchas personas no están conscientes de que son bellos seres de luz—y necesitan un poco de ayuda para recordar esta verdad eterna. Van por la vida insatisfechos porque no se les ha enseñado estas leyes divinas desde temprana edad. Sabiendo lo que sabemos, tenemos que decidir conscientemente usar esta ciencia del pensamiento divino para recrear nuestro mundo. Entonces empezamos a recibir nuevas revelaciones del Espíritu—bellas interpretaciones de la música, arte y cultura de los mundos superiores—entonces compartimos nuestros dones con nuestros hermanos y hermanas.

Nuestro propósito al estar aquí es bendecir a la Tierra con ideaciones más elevadas. ¿Cómo hacemos esto? La meditación es la clave—enfocándonos en el corazón, a través del cual los pensamientos divinos fluyen. El corazón es todavía más poderoso energéticamente que la mente. En nuestra práctica de meditación, podemos permitir que vibraciones del corazón fluyan desde nuestra Presencia Solar y sentir los impulsos y esencias de nuestra nueva vida en el Espíritu. Cuando estamos centrados en el corazón, nos convertimos en una bendición al mismo tiempo que recibimos bendiciones. La unión con nuestra Fuente se restablece; vivimos en un mundo de luz divina.

San Francisco de Asís era capaz de comunicarse con criaturas elementales en tan bella forma debido a que él dominaba la ciencia de la quietud. El sentía la belleza innata de toda vida—del sol, de la luna, de las estrellas, de las plantas, de los espíritus de la naturaleza. Él podía armonizar su propia esencia con la de ellos; con el florecer de su diseño divino. Debido a que él era uno con la vida y con la naturaleza, la naturaleza le revelaba sus secretos. Los preciosos pájaros y otros animales sentían como los nutría la energía de su corazón. Él desarrolló su espíritu como si fuera el de un niño y, como Jesús, se convirtió en un maestro de paz.

Ustedes también van a crecer, evolucionar y aprender aquello en lo que están destinados a convertirse si aquietan su templo corporal cuando meditan. Esto toma práctica y deben reservar tiempo para hacerlo completamente en silencio, lejos de los conflictos del mundo;

sin permitir que ninguna vibración interrumpa ese estado de paz. Estando en la naturaleza o teniendo un cuarto en su hogar consagrado al propósito de hacerse completamente uno con Dios, les permitirá sintonizarse con las frecuencias más elevadas de la mente de Dios. Por lo tanto, así se sintonizarán con el diseño divino dentro de ustedes—su Verdadero Ser—esto traerá incontables bendiciones, milagros y dicha a su vida, a su mundo y al mundo que los rodea.

¡Disfruten esos momentos de bendita quietud con su Presencia Solar!

Epílogo

¿Qué tal sería conocer a un chamán del Perú, ese país ecuatorial místico de Sud-América, donde se encuentra Machu Picchu, el altiplano de Nazca y la región occidental del Amazonas? Algunos paradigmas judío-cristianos equiparan el chamanismo con el panteísmo pagano, aunque yo creo que ambos—cuando se entienden bien—son más bien como el Hinduismo, el cual acepta muchas deidades (emanaciones divinas) que vienen de la Deidad Universal o Creador, Brahma.

En diciembre del 2012, planee visitar los lugares sagrados del Perú con un grupo de más de setenta peregrinos, y nuestro agente de viajes hizo arreglos para que un chamán guiara nuestra aventura. Yo había escuchado historias de interesantes encuentros y sagradas experiencias con chamanes; sin embargo, dentro mío yo sentía una leve resistencia a ir a un territorio con el que no estaba familiarizado, además de contar con un idioma y conceptos que conocía poco. Yo iba a tener que confiar en el universo y en nuestro guía espiritual, respecto de las enseñanzas y los conocimientos que él tuviera para ofrecer y compartir con aquellos en nuestro grupo, quienes estaban llegando de todas partes del mundo a su territotio en las alturas de los Andes Peruanos.

Al final resultó ser que este chamán ha sido el guía más humilde, generoso y amoroso de todos los que hemos encontrado en nuestros peregrinajes alrededor del mundo. Jorge Luis Delgado es un guía con mucho conocimiento de—la geografía local, la historia, la cultura y numerosos idiomas de los nativos. Además aprendió nuestro leguaje espiritual. Aceptó a los Maestros Ascendidos y enfatizó una y otra vez que todos somos "hijos del sol." Adicionalmente, él era un visionario y un vidente único, agudamente consciente de nuestras auras, de la presencia de los Maestros Ascendidos, de otras sagradas manifestaciones y de bendiciones que estaban ocurriendo alrededor nuestro, a niveles de luz más sutiles. Este amable y humilde chamán tenía un buen sentido del humor y era un exitoso hombre de negocios—

que tenía cuatro excelentes hoteles y un emergente negocio de viajes, con contactos por todo el Perú. El es un ejemplo destacado de alguien que demuestra la espiritualidad práctica, inspirando el mayor respeto y apoyo de todos los que lo conocen.

El 22 de diciembre del 2012—el último día de nuestra peregrinación—nos reunimos en las orillas del Lago Titicaca. Esa día Jorge notó que nuestro grupo tenía mucha más luz en el aura que cuando recién llegamos a Lima—donde comenzamos nuestro peregrinaje. Yo creo que eso se debió a nuestro trabajo espiritual colectivo, lo que incluía nuestras oraciones, devociones, meditaciones y emanaciones de luz de los Maestros Ascendidos. Los varios rituales que él condujo y las enseñanzas y revelaciones que compartió con nosotros también fueron profundos y conmovedores.

El título del libro que Jorge escribió, Despertar Andino, verdaderamente expresa el epítome de nuestra experiencia en Perú. Este viaje fue un despertar espiritual para todos nosotros. Habíamos ido a los Andes—al sagrado valle de Machu Picchu y del Lago Titicaca— para comulgar con seres divinos, además de ser testigos del traspaso de ciertos mantos espirituales y del amanecer de un nuevo ciclo o era solar. Desde el principio, mientras íbamos en un autobús desde Cusco atravesando el Valle Sagrado, hicimos oraciones y cantamos canciones de nuestro nuevo Rosario Solar de Vesta, incluyendo la oración y canción "YO SOY el Sol." De la cual le di mi copia a Jorge para que pudiera cantar con nosotros.

Entonces una notable experiencia ocurrió, Jorge pudo sentir nuestro amor por el Sol detrás del sol a través de esta canción devocional; y numerosas veces nos mostró los paralelos entre nuestras creencias y las de los Incas. El después compartió algunos de los misterios más profundos de esa tradición con su enfoque en la Pachamama (la Madre Tierra) y otras deidades sagradas. Aprendimos de Jorge que el fin del ciclo del calendario Maya (21 de diciembre de 2012) coincidió con el principio de un nuevo "ciclo diario" Inca de quinientos años—una época de despertar y gran iluminación. Con la publicación de Estudios

Avanzados del Aura Humana y su enfoque en aprender a desarrollar una fuerte aura de radiancia solar, estoy agradecido con Jorge por el compañerismo que disfrutamos durante nuestros nueve días juntos y por aquello que continuará desarrollándose.

Mi oración es que ustedes también se inspiren a ayudar a la Madre Tierra y a toda su gente en esta época de gran despertar, desarrollando y expandiendo sus propias y bellas auras de luz. Gracias por permitirme entrar en sus vidas con el mensaje de este libro. Les envío abundantes bendiciones en su travesía sagrada.

Ejercicios de Meditación Consciente

Estos ejercicios de meditación consciente les van a ayudar a identificarse con el sol como la fuente de vida y a enfocarse en él, permitiendo que su resplandor sea suyo hasta que puedan ver, sentir y saber que son un sol de luz, lo cual es su derecho. Estas meditaciones pueden ser hechas en cualquier parte, en cualquier momento, aunque yo recomiendo sentarse en silencio en un lugar tranquilo en su hogar o en la naturaleza. Estas no tienen que hacerse por un tiempo determinado y cada una se puede hacer separadamente. O si lo desean, pueden combinar las tres en una sola meditación más larga. Ya sea que pasen unos momentos o treinta minutos en la meditación, lo que es importante es establecer una conexión con la energía de vida dentro del sol y permitirle a ésta que impregne su ser.

PRIMERA PARTE Enfocándose en el Sol

Cierren sus ojos y vean con el ojo de la mente, el sol brillando en todo su esplendor.

Contemplen su radiancia y estudien sus esencias otorgadoras de vida.

Inhalen las virtudes del sol. Sientan su suave calor entibiando su alma.

Acepten su dicha, sabiduría y amor en su corazón.

Permitan que los rayos purificadores del sol recorran todo su ser.

Lleven la seidad plena total del sol dentro de ustedes. Conozcan su unidad con el sol.

SEGUNDA PARTE Enfocándose en el Sol Interior

Cierren los ojos y vean al sol brillando dentro de su corazón.

Contemplen su propia radiancia. Estudien las esencias otorgadoras de vida.
Inhalen y exhalen las virtudes de su sol interno.

Sientan el calor de su corazón alimentando a su aura con luz.

Acepten el perfecto estado de su dicha interna, sabiduría y amor.

Permitan que su pura individualidad, su esencia solar, brille a través de todo su ser.

Emanen esta seidad solar a todas partes y a toda vida.

TERCERA PARTE Enfocándose en su nueva vida como un Ser Solar

Contemplen su esencia de vida, viendo al sol de su ser mientras continúa creciendo y expandiéndose.

Inhalen las bellas virtudes de la vida, sabiendo que ahora son un ser solar completamente realizado y puro.

Sientan una aceleración del calor de la vida y la gracia sostenedora que fluye a través de ustedes.

Vivan en perfecta dicha, sabiduría y amor mientras experimentan el Eterno Ahora del momento presente.

Continúen emanando la energía creativa en todas partes y a todos los seres sintientes.

Sientan, conozcan y mantengan su unión con todo lo que Es.

Notas

Prefacio

1.Elizabeth Claire Prophet fue una guía espiritual, una reconocida autora a nivel mundial y la líder del movimiento Summit Lighthouse junto a sus esposo Mark L. Prophet. Ella murió en Octubre de 2009, su legado continúa a través de sus estudiantes y sus enseñanzas.

Parte I: EL MAESTRO HABLA

1. A través del movimiento Summit Lighthouse y la editorial Summit University Press, Kuthumi entregó Estudios Avanzados del Aura Humana Djwal Kul entregó Estudios Intermedios del Aura Humana. Tambien están disponible en una edición combinada. El Aura Humana; Como Activar y Energizar su Aura y Chakras por Kuthumi y Djwal Kul.

La serie de 33 Emanaciones del Corazón por El Morya, es un volumen, Publicado por Meru Press y la Comunidad del Hearts Center (Centro de Corazones), el cual es la culminación de una revelación progresiva prometida por de los Tres Reyes Magos—Kuthumi. Djwal Kul y El Morya—quienes están todos ascendidos hoy.

Capítulo 1

1. Genesis 1:1,2

Capítulo 2

1. Genesis 1:26,27.

2. Ver el glosario acerca de "Esencia Electrónica".

Capítulo 3

1. La contemplación del Sol es una de la prácticas de Suria Yoga o Yoga Solar. La meta de cada tipo de yoga es la unión con Dios. Omraam Mikhaël Aïvanhov le enseñó a sus discípulos a practicar la contemplación del sol todos los días y su libro, El Esplendor de Tiphareth, contiene sus enseñanzas sobre Suria Yoga. El dijo "A través de la práctica de Suria Yoga ustedes establecen una conección entre ustedes y el poder que gobierna y da vida al Universo entero: el Sol". Omraam se refiere al Sol espiritual, al Gran Sol Central, del cual nuestro sol físico es parte de su descendencia y su reflejo.

En 1992, el yogui solar Hira Ratan Manek, conocido como HRM, empezó a enseñar técnicas de Yoga Solar simples, seguras y disfrutables, incluyendo la Contemplación Solar. Los beneficios de la Contemplación Solar se pueden expresar en una mejor salud y bienestar, paz mental, purificación, incremento en el flujo de energía y un aura radiante. Más información sobre la Contemplación Solar está disponible en nuestra tienda en www.heartscenter.org

ESTUDIOS AVANZADOS DEL AURA HUMANA

2. El Morya no recomienda que los lectores se abstengan de ingerir comida o líquidos como forma de vida. Algunos capítulos que vendrán más adelante hablan de prácticas a través de las cuales los estudiantes pueden refinar su aura, sin embargo se aconseja a los lectores que tengan precaución de no hacer ninguna práctica extrema.

3.Mateo 25:40.

Capítulo 4

1. El efecto mariposa. En la teoría del caos el término se refiere a la dependencia sensitiva de la condición inicial; por ejemplo: que algo que parece un cambio o acción insignificante en un lugar, tal como el movimiento de las alas de una mariposa, puedo tener por efecto de onda un impacto de largo alcance en eventos subsecuentes.

2. En la tradición Búdica, Shambala es un Reino mítico que existiría escondido en algún lugar de Asia. La legendaria ciudad de Aghartha, de acuerdo a la tradición esotérica, existe dentro del centro de la Tierra.

Capítulo 5

1.Mateo 6:22; Lucas 11:34

Capítulo 6

1. La vida en otros planetas dentro y fuera de nuestro sistema solar ocurre en otras dimensiones del ser, más allá de lo que nuestros limitados sentidos de la vista, oído, tacto, olfato y gusto puedan percibir. Las evoluciones avanzadas a menudo viven en lo que se llama el plano etérico, quienes existen en una vibración más alta y por lo tanto invisible a nuestra vista y sentidos humanos.

2. Canciones a los siete Elohim, CD, música de Robert Resetar está disponible en la tienda del www.heartscenter.org

Capítulo 8

1.La Revelación 15:3
2.Salmo 2

3.Mateo 18:3

Capítulo 9

1.De un himno Anglicano, especialmente polular entre los niños, "El creador Del Cielo y la Tierra (Todas las cosas Brillantes y Hermosas)," por la Sra. Cecil Frances Alexander, 1848.

Capítulo 10

1.Un grupo así es la Gran Junta Kármica. Este augusto y celestial comité trabaja con cada alma antes de su encarnación en la Tierra, ayudándola a ponerse metas para su desarrollo espiritual en la vida que comenzará pronto.

Capítulo 11
1.Reyes 18:25
2.Marco 5:34; Lucas 17:19,18:42
3.Juan 12:32

Capítulo 13
1.Franz Anton Mesmer(1734-1815),un médico alemán que dejó la palabra Mesmerismo para la posteridad. El añadió 27 proposiciones a su tesis de Doctorado, Mémoire Sur La Découverte Du Magnétisme Animal, enfatizando el movimiento de la vida a "energía" a través de los canales en el cuerpo.

Capítulo 14
1.Filipenses 2:5
2.Juan 14:12
3.Juan 13:34
4.Mateo 17:2;Marcos 9:2

Capítulo 15
1.Marcos 8:24
2.Génesis 3:22; Revelación 22

Capítulo 16
1.Mateo 5:16
2.Jeremías 2:3

Capítulo 18
1. Plegarias a Astrea, CD disponible en la tienda del www.heartscenter.org

Capítulo 20
1. Timoteo II 2:15

Capítulo 21
1. Juan 14:12
2. Juan 20:30
3. Yo soy el Uno, CD disponible en la tienda del www.heartscenter.org

Capítulo 23
1. Génesis 1:3

Capítulo 27
1. Génesis 1:3

Capítulo 30
1. Marcos 9:1-10
2. Salmo 91
3. Filipenses 4:13

4. Mateo 17:2; Marcos 9:2

Capítulo 33

1. Hub se refiere al Gran Sol Central, la Fuente, el centro del Cosmos, el Creador, Dios.
2. Génesis 1:3
3. Ver "Una Nota de El Morya", nota 1.

Parte II: ESTUDIOS PRACTICOS DEL AURA HUMANA
Vestida de Sol

1. Revelación 12:1

Capítulo 34

1. Deuteronomio 6:5; Mateo 22:37,38; Marcos 12:29-33; Lucas 10:27
2. Romanos 8:7
3. Mateo 18:21,22
4. Mateo 5:43,44; Lucas 6:27-38
5. "Te amo, lo siento, por favor perdóname, gracias". Cero Límites: El Sistema Hawaiano Secreto de Prosperidad, Salud, Paz y Más por Joe Vitale y Dr. Ihaleakala Hew Len. Disponible en www.zerolimits.info
6. Rosario de Misericordia de Kuan Yin en formato de CD, de DVD y de librillo disponibles en la tienda del www.heartscenter.org
7. "Tubo de Luz de Cristal Diamantino", es el decreto # 0,001 en el libro de Plegarias, Decretos y Mantras del Heart´s Center

Capítulo 35

1. "Tubo de Luz de Cristal Diamantino", es el decreto # 0,001 en el libro de Plegarias, Decretos y Mantras del Hearts Center
2. Maestro Omraam Mikhaël Aïvanhov (1900-1986), un búlgaro místico, filósofo, conferencista, alquimista y astrólogo quien fue discípulo de Peter Deunov. Sus escrituras, son basadas principalmente en las más de 5000 conferencias dadas en Francia y otros lugares, han sido publicadas a nivel mundial.
3. Ver el sitio www.heartscenter.org para ver, oír y leer las Emanaciones del Corazón de los Maestros Ascendidos entregadas a través de David Christopher Lewis.
4. Máquina del Tiempo, película basada en la novela de H.G. Wells de 1985, la cual cuenta con dos versiones una del año 1960 y otra del año 2002.
5. Peter Deunov, también conocido como el Maestro Beinsa Duno, quien fue un Instructor Espiritual de un logro peculiar, quien enseñó en Bulgaria durante la primera mitad del siglo 20. El dejó un legado espiritual trascendental en sus numerosas charlas y conferencias, plegarias, fórmulas y canciones. Su libro El

Maestro Habla, está disponible en la tienda del www.heartscenter.org

6. Los Secretos de la Luz: Lecciones del Cielo por Dannion y Kathryn Brinkley.

7. Cero Límites: El Sistema Hawaiano Secreto de Prosperidad, Salud, Paz y Más por Joe Vitale y el Dr. Ihaleakala Hew Len . Disponible en www.zerolimits.info

Capítulo 36

1. Lucas 12:3

2. Juan 8:32

Capítulo 37

1.En 1971, durante la Misión Apolo 14, el Dr. Edgar Mitchell se convirtió en la sexta persona en caminar en la luna. En su viaje de retorno a la Tierra, Mitchell tuvo una experiencia profunda, que el describió como samadhi. En 1973, después de su retiro de la Marina de los Estados Unidos y de la NASA, él fundó la Institución de las Ciencias Noéticas (IONS), sin fin de lucro, para conducir y fomentar la investigación de la teoría noética y del potencial humano.

2. La persona o personas a quienes ustedes acuden no les verán físicamente. Sin Embargo aquellos que son sensitivos pueden sentir su Presencia junto a ellos, y aquellos con visión interna pueden llegar a ver su Presencia proyectada.

Capítulo 38

1. Mateo 6:22; Lucas 11:34

2. Marcos 5:25-34

3. El Rancho Royal Teton es la sede internacional de la Iglesia Universal y Triunfante.

Capítulo 44

1. Originalmente publicado en la Autobiografía de Benjamín Franklin, escrita entre 1771 y 1790.

Capítulo 46

1. Génesis 1:26

2.Súper-Alma, de Ensayos: La Primera Serie por Ralph Waldo Emerson 1841

3. La Vida Secreta de las Plantas por Peter Tompkins y Christopher Bird, Harper & Row, Editorial Incorporada, New York, 1973.

4.Proverbios 23:7

5.Mateo 6:10

Glosario

Akasha: El nombre Sánscrito dado a una dimensión de vibración energética capaz de grabar y archivar toda actividad—pensamientos, palabras, acciones y sentimientos—de todos los seres conscientes desde el principio del tiempo. Término relacionado: Registro Akáshico.

Alfa y Omega: Nuestros Padre y Madre Divinos que residen en el Gran Sol Central en el centro de la creación física conocida, o cosmos como una uni-pluralidad del Ser .Ellos representan el perfecto equilibrio de la polaridad masculina y femenina dentro de la Divinidad.

Amigos de Corazón: Individuos que han sido atraídos por el mensaje universal de la Comunidad del Centro de Corazones y la radiancia de los Maestros Ascendidos a través de nuestras Emanaciones del Corazón y los espíritus afines del amor divino. Los amigos de corazón son todos los que están centrados en el corazón y sirven los propósitos de Dios en la Tierra—estén o no asociados con nuestro movimiento.

Árbol de la Vida-Sefirot: La enseñanza cabalista sobre la creación y la estructura del universo, junto con un entendimiento de la personalidad de Dios. Los diez Sefirot, agrupados en combinaciones específicas y representando ciertas cualidades conforman el Árbol de la Vida—tres pilares en los cuales tres tríadas de Sefirot son ubicadas. La definición de los Sefirot es "emanaciones divinas."

Campo de Fe: Una red de energía o matriz de luz azul cristalina alrededor de un estudiante o discípulo, creado por su fe completa en Dios y en la bondad de su voluntad. La Arcangelina Fe, llama gemela y complemento del Arcángel Miguel, apoya nuestra creación de campos de fe dondequiera y cuandoquiera que estemos practicando la oración y la devoción al Dios Único.

Campo de Flujo: Una emanación de luz espiritual mediante la cual una continua radiancia divina puede ser sostenida. Este campo de flujo generalmente es el resultado de oraciones constantes, meditaciones y servicios espirituales ofrecidos por uno o más devotos. Este puede convertirse en un depósito de energía divina que se expande continuamente, el que puede proteger y bendecir nuestras auras—tanto individual como colectivamente. Nuestras auras se pueden convertir en una corriente dinámica cuando estamos alineados a la voluntad, sabiduría y amor de Dios.

Campos L: Patrones eléctricos de vida, campos de vida. Estos términos fueron inventados por el Dr. Harold Saxton Burr, Ph.D. de la Escuela de Medicina de la Universidad Yale, para explicar que toda vida está moldeada y controlada por campos electro-dinámicos, los que se pueden medir usando medidores de voltaje. Estos campos son los diseños básicos de todo tipo de vida en este planeta. El Dr. Burr creía que la medida de voltaje de los campos L podrían revelar condiciones físicas y mentales, que los profesionales de salud serian capaces de usar para diagnosticar enfermedades antes de que aparecieran los síntomas. Así como las limaduras de hierro forman un patrón específico alrededor de un imán, así también las moléculas y células del cuerpo humano se están constantemente reconstruyendo de acuerdo con los patrones eléctricos apropiados que son únicos para esa molécula o célula.

Canción Celestial: La traducción al Inglés del título del texto sagrado del Hinduismo, *El Bahagavad Gita*. Esta antigua historia revela porque Brahman es la Realidad Suprema Absoluta de todas las formas, como los seres humanos acumulan Karma como resultado de sus acciones en innumerables encarnaciones y la forma de asegurar la liberación a través de la devoción y el conocimiento. Además *Canción Celestial* es el término de la nota clave, o, de canción de cada alma encarnada, la que el alma va a escuchar durante su ascensión al cielo.

Cinturón Electrónico: El conglomerado de todos los registros kármicos negativos, o energías mal calificadas, acumuladas durante la evolución de un alma a través de numerosas vidas. Los clarividentes y adeptos lo pueden ver en el aura como vórtices oscuros negativos localizados desde debajo del ombligo hasta los pies, recubriendo los cuatro cuerpos inferiores en un "cinturón" de substancia astral.

Cuarta Raza Raíz: La cuarta de una serie de corrientes de vida, o vastas evoluciones (millones) de almas, quienes encarnaron por más de 14,000 años en la Tierra. Las primeras tres razas que vinieron a la Tierra mantuvieron su conexión con su Fuente Divina, cumplieron su plan divino y ascendieron al final de sus épicas vidas. Las almas de la Cuarta Raza Raíz descendieron del plano etérico al físico, después a esto se le ha llamado la Gran Caída y han estado reencarnando en la Tierra desde entonces—junto con las más jóvenes evoluciones de la quinta, sexta y ahora la séptima raza raíz.

Darshan: Una experiencia sagrada de comunión íntima con un maestro, quien frecuentemente está muy cercano. Es el compartir la enseñanza mediante discursos o contestando preguntas—ya sea por el maestro que está presidiendo o por los devotos—además es el recibir la radiación espiritual que el transmite. En el Centro de Corazones los Maestros Ascendidos desean que los aspirantes espirituales se eleven a su propia consciencia Crística y Búdica para discernir—por medio del Espíritu Santo—las verdades de la más alta gnosis, a través de su conexión directa con su Presencia, o Ser Superior.

Decretos: Oraciones poderosas—orales, poéticas y rítmicas que frecuentemente riman—las que invocan la luz de Dios para que irradie en todos los seres, a todos los seres, a través de todos los seres y alrededor de la Tierra. Cuando se repiten con amorosa devoción y concentración, la luz espiritual se intensifica dentro de los chakras y las auras de los que decretan, produciendo cambios positivos y transformación planetaria. Para obtener una lista gratis de los decretos, oraciones y mantras visitewww.heartscenter.org

Devachán: Un plano de existencia donde las almas pueden ir después de su transición para satisfacer ciertos deseos que han afectado su energía y limitado su progreso espiritual. Una vez que las almas han experimentado Devachán, a veces les sobreviene la revelación de que el verdadero logro espiritual, sólo ocurre cuando se desea la unión con su Creador. Por esa razón las almas permanecen en Devachán sólo temporalmente y en preparación para su próxima encarnación.

Elohim: Los Señores de la Creación mencionados en el libro de Génesis, los "Siete Espíritus de Dios" en el libro del Apocalipsis y las "Estrellas de la Mañana" en el libro de Job. Los Elohim son seres de inmensa luz y poder que infunden la vida en las galaxias y los universos. También se les conoce como los Constructores de la Forma porque ellos son los que crearon el universo físico donde vivimos. Sirviendo bajo los Elohim están los cuatro jerarcas de los elementos y el reino elemental.

Elohim Pureza y Astrea: Elohim o Seres Divinos que sirven en el cuarto rayo de pureza, perfección y de la llama de la ascensión. Cuando los invocamos ellos nos rodean y desmagnetizan nuestro ser usando una matriz—o forma de pensamiento divino—el círculo y espada de color blanco/azul flameante. Entonces visualizamos un círculo de luz girando como una sierra eléctrica moviéndose de arriba para abajo en nuestra espina dorsal, limpiando y consumiendo todo lo que no sea de la luz. Véanse las oraciones 40.002 y 40.005 en nuestra página web y en el libro de Oraciones, Decretos y Mantras, el que se puede comprar en nuestra tienda www.heartscenter.org.

Emanaciones del Corazón: También llamadas Corrientes del Corazón, son mensajes recientes y enseñanzas de los Maestros Ascendidos a través de su mensajero(s) ungido(s) en el movimiento del Centro de Corazones. Pueden ser entregados como un dictado, un discurso o un darshan. Estos mensajes vibran con el amor y sabiduría del Maestro y anclan luz en la Tierra cuando se reciben o cuando se tocan otra vez en vídeo o audio. Ellos nos enseñan, exhortan, bendicen, elevan y guían a través de instrucciones específicas que cuando son llevadas a cabo, pueden producir grandes bendiciones para nosotros y para nuestro planeta.

Energías Foháticas: Frecuencias transformadoras y poderosas invocadas desde reinos divinos y transmitidas a través de las voces de aspirantes conscientes y adeptos, que emiten órdenes, comandos o afirmaciones cortas, enérgicas y enfocadas—las cuales usan frecuentemente las palabras YO SOY, el nombre de Dios.

Esencia Electrónica: Las gloriosas cualidades divinas o esencia de un individuo. Véase también Presencia Solar.

Gemelos Solares, Rayos Solares: Cada alma, así como cada ser celestial y todo planeta y estrella, fueron creados por Dios en el principio con un sagrado complemento o contraparte—un amoroso acompañante con una polaridad opuesta. Cuando los gemelos solares, rayos gemelos o llamas gemelas de seres encarnados son capaces de trabajar juntos para cumplir su combinada misión divina—ya sea que los dos estén encarnados o uno esté encarnado y el otro haya ascendido—los resultados positivos para la Tierra son inmensos. La mayoría de las almas encarnadas han sido separadas de sus gemelos solares debido a su karma.Un día una gloriosa reunión va a ocurrir —un reencuentro en el cielo que creará una atmósfera de unidad en amor cósmico lo cual iniciará la explosiva acción de ondas concéntricas de luz, con un movimiento siempre hacia afuera para circundar un universo y más.

Gran Aura Solar: El Cuerpo Causal—o campo áurico mayor —de nuestro sol o de nuestra propia Presencia Solar, incluyendo los bellos anillos de color que rodean su centro. Véase la "Gráfica de la Naturaleza Búdica" en nuestra página web www.heartscenter.org para ver una representación a colores de la gran aura solar.

Gran Hermandad Blanca: También llamada la Hermandad Blanca Universal y la Gran Hermandad Blanca Universal, es una asociación de santos y sabios de todos los senderos y religiones, la que incluye a ángeles, maestros ascendidos y seres cósmicos. "Es la autoridad y el cuerpo gubernamental que representa a la Deidad en este sistema de mundos." Muchos miembros de la Gran Hermandad Blanca caminaron en la Tierra o en otros planetas de nuestro sistema. La palabra "Blanca" no se refiere a la raza, sino a la pureza de cada miembro. El propósito de la Gran Hermandad Blanca es la elevación de la humanidad para que todo individuo pueda alcanzar esa misma maestría y esa tan superior dicha al reunirse con la Divinidad mediante la ascensión.

Grandes Vigilantes Silenciosos: Son Seres Cósmicos que representan las virtudes puras del Espíritu y están disponibles para inspirar a las almas en encarnación, infundiendo visión perfecta para los muchos que han perdido temporalmente los aspectos visionarios a largo plazo de su propio Ser Superior. Los Vigilantes Silenciosos, a través de su habilidad omnividente contemplan a todos en un estado de perfección. A través de su meditación están en este perfecto estado de silencio, permitiendo así que la Madre de Toda Vida, el Perfecto Vidente y Observador, creen los mundos y la vida misma. Mediante la consciencia de los Vigilantes Silenciosos, la Gran Madre de Todo, emana consciencia como una bella Presencia con la cual envuelve esa luz-energía, alrededor de la creación misma.

Helios y Vesta: Son Seres Cósmicos que por eones han infundido vida y han sido el Padre-Madre del sol de nuestro sistema solar, emanando su dorada radiancia e iluminación a toda vida sintiente. El 21 de diciembre de 2012, Helios y Vesta subieron en jerarquía a un puesto espiritual más alto, siendo reemplazados en su santa sede por el Dios y la Diosa Merú. Lo que este cambio implica es enorme, ya que todos estamos pasando actualmente por dinámicos cambios espirituales en nuestro propio ser, en todo el planeta y en el sistema solar.

Kali Yuga: Término Sánscrito que significa "Era de conflicto, era de vicio," indicando la era de más conflicto y decadencia moral de las cuatro yugas—o eras mundiales—tal como han sido descritas en las escrituras hindúes.

Lanello: El nombre de Maestro Ascendido de Mark L. Prophet, una combinación de dos de sus nombres en dos de sus encarnaciones pasadas: Lancelot y Longfellow. Mark sirvió como mensajero de la Gran Hermandad Blanca en los Estados Unidos de 1958 a 1973. Fundó The Summit Lighthouse en Washington, D.C. en 1958, como un vehículo para diseminar las enseñanzas de los Maestros Ascendidos. Con su llama gemela, Elizabeth Clare Prophet, trabajó desde1961 hasta su transición y ascensión a principios de 1973.Después de la ascensión de Mark, Elizabeth continuó como mensajera, hasta que se retiró en 1999. Ella partió e hizo su ascensión en octubre de 2009. Lanelo y Elizabeth—ahora la Maestra Ascendida Clare de Lis—actualmente sirven como dos de los siete patrocinadores del movimiento del Centro de Corazones y con regularidad dan mensajes para instruir a nuestra comunidad y a la Tierra a través de nuestro amanuense, David Christopher Lewis.

Ley de Correspondencia: Una enseñanza de Hermes Trismegistus basada en los Vedas—como es Arriba, así es abajo. Al término "Arriba" se le puede llamar el macrocosmos; al término "abajo" el microcosmos. Todo lo que existe en el universo físico tiene su realidad en el universo espiritual—dentro de uno está el otro. De modo que al entender uno, podemos entender el otro. Además, la ley dice que las cosas iguales a la misma cosa son iguales entre sí. Cuando somos uno con Dios, somos Dios en manifestación.

Logos: La PALABRA, o Consciencia Crística Universal. En la filosofía griega, el Logos es el principio que guía al universo. En las enseñanzas hindúes, Shakti, un sinónimo de Logos, significa "conocimiento original o razón divina." Es la inteligencia creativa y dinámica que penetra y ayuda a sostener el universo.

Maestros Ascendidos: Son los santos, maestros y sabios de todas las religiones y culturas que una vez caminaron en este planeta y en otros mundos. Se les llama Maestros Ascendidos porque han obtenido maestría sobre el mundo en que vivimos, permitiéndoles regresar al corazón de Dios mediante el sagrado ritual de la ascensión. En el mundo celestial, trabajan con ángeles y seres cósmicos para ayudar a la humanidad a lograr esa misma maestría.

Manú: Un ser cósmico que guía, anima e inspira a una raza raíz. El ideal o modelo de perfección. El líder a quien millones de almas aspiran a emular y seguir en su camino hacia la ascensión. El Gran Director Divino es el Manú de la Séptima Raza Raíz.

Manvantárico: Forma del término Sánscrito manvantara. En el hinduismo manvantara es uno de los catorce intervalos que comprenden el ciclo de vida de un sistema de mundo. Un ciclo de vida es como una inhalación y una exhalación del Creador. Después que estos catorce intervalos se han cumplido, hay una época de descanso y el proceso vuelve a empezar.

Maya: Un velo de ilusión u oscuridad que esconde de los ojos mortales la realidad del Espíritu y de las octavas de luz celestiales más elevadas. El mundo físico que nuestros sentidos externos perciben nubla la consciencia que está atrapada en dualidad—o sentido de separación de Dios. Es un término Sánscrito que significa "irrealidad, temporalidad, dualidad."

Naturaleza Búdica: Una consciencia completamente despierta; un estado de ser eternamente libre, compasivo y sin egoísmo, perfectamente amable e iluminado del ser; un entendimiento puro de la Verdad y la capacidad de vivir en ella."Buda" significa "ser despierto" en Sánscrito. También se refiere a la Anatomía de nuestra Individualidad en Dios. Ver imagen al final del Libro

Nivel Átmico: El plano de existencia espiritual que es equivalente a la más alta esencia de nuestra existencia. El estado indescriptible más elevado, o el estado desinteresado de perfecto amor y armonía.

Nuevo Azul: Una nueva corriente de energía que significa que está ocurriendo un gran cambio. El Nuevo Azul desciende de Alfa y Omega— el Padre-Madre Dios del universo—y envía impulsos a nosotros desde la Estrella de Dios, Sirio. Esta es la primera de las nuevas frecuencias superiores que están siendo introducidas a la Tierra y a todo este sistema solar. El Morya anunció en su Emanación del Corazón del 11 de enero de 2007 que esta nueva energía nos está llevando a una era de iluminación, compasión y libertad—una era en que la Luz de la Madre es activada en la Tierra y en la humanidad. Este rayo del Nuevo Azul está sellado dentro de frecuencias que están siempre cambiando, demostrando nuestro requerimiento de ser adaptables y poder así fluir con los vientos del Espíritu Santo.

Para entender perfectamente el Nuevo Azul, debemos salirnos de la dualidad y entrar en lo que los maestros han llamado un campo unificado de existencia en Dios, el que está más allá de la doctrina, del dogma y de las leyes hechas por el hombre. El rayo del Nuevo Azul es la nueva ley de la vida.

Presencia Electrónica: La proyección viva de luz de la Presencia YO SOY o Ser Superior de un Maestro, sobre un alma encarnada para ayudarla de alguna forma. Un Maestro puede aparecer en numerosos lugares al mismo tiempo en respuesta a múltiples oraciones o peticiones, pudiendo así manifestar muchas presencias electrónicas simultáneamente.

Presencia Solar: Un término introducido por los Maestros Ascendidos a través del Centro de Corazones en el 2005, la que describe esa porción de nuestro ser que es Dios. Está representada por la figura superior en la Gráfica de la Naturaleza Búdica al final del libro. También se le llama la Presencia YO SOY, la Presencia Divina, la Presencia de Dios; esta es la individualización del Uno—nuestra verdadera identidad divina. Las palabras Presencia Solar nos permiten visualizar totalmente a nuestro ser como un centro solar que irradia continuamente amor divino y todas las virtudes a toda vida.

Primera Causa: Dios; el Creador; el Primer Principio; el Todo en el todo; el Gran Iniciador de todo lo que es.

Sanat Kumara: El Anciano de Días (libro de Daniel), el Guardián original de la Llama y el gobernante espiritual del planeta Venus, el que existe en un plano etérico más allá de nuestra visión mortal. Hace eones de años, él ofreció su asistencia a una Tierra que estaba condenada, cuyo karma la había destinado a ser destruida. Sus evoluciones ya no reconocían ni estaban conectadas con su Fuente, habiéndose extinguido la chispa divina dentro de sus corazones. Sanat Kumara recibió permiso de un concilio cósmico para venir a la Tierra con 144,000 portadores de luz para ayudar a los ciudadanos de la Tierra para despertar a su verdadera divinidad y recuperar la libertad de su alma. También se le conoce como Dipamkara en el budismo, Kartikeya (el segundo hijo de Shiva y Parvati) en el hinduismo, y Ahura Mazda en Zoroastrianismo.

Séptimo Rayo de la Libertad: Uno de los siete rayos emanando a nuestro planeta, el séptimo rayo vibra a través del color violeta y contiene las cualidades del perdón, misericordia, transmutación, libertad del alma y alquimia. Saint Germain es el Señor del Séptimo Rayo. Estos rayos están más concentrados en general los sábados—el séptimo día de la semana.

Siete Rayos: Los siete rayos emanan del Gran Sol Central, así como de nuestra Presencia Solar individual, a través de la cual el Gran Sol Central enfoca su luz. Estos rayos componen las esferas de color que rodean a la Presencia Solar (Véase la Gráfica de la Naturaleza Búdica al final del libro o en nuestra página web www.heartscenter.org.) Estas son esferas concéntricas, también llamadas el cuerpo causal. Estos rayos bendicen a la Tierra con las vibraciones de sus cualidades, ayudando a la humanidad a progresar en la maestría de cada rayo:

- Azul—el primer rayo: Voluntad, fe, protección y poder;
- Amarillo—el segundo rayo: Sabiduría, iluminación y entendimiento;
- Rosado—el tercer rayo: Amor divino, compasión y creatividad;
- Blanco—el cuarto rayo: Pureza, santidad y la luz de la ascensión;
- Verde—el quinto rayo: Integridad, sanación, abundancia, ciencia y música;
- Morado y dorado—el sexto rayo: Servicio y asistencia a la vida;

- Violeta—el séptimo rayo: Perdón, misericordia, liberación del alma y alquimia.

Sol de Presión Balanceada: El estado inmóvil de perfecta ecuanimidad en el centro mismo de la Tierra y dentro de todos los cuerpos celestiales, incluyendo todos los planetas y soles. Para nuestra Tierra, la atmósfera solar central creada y sostenida por Virgo y Pelleur en el centro de nuestro planeta que resulta en una presión balanceada y armoniosas vibraciones para toda la vida sintiente evolucionando dentro de la Tierra y en su superficie. Sin esta presión uniforme, la Tierra se tambalearía y no podría mantener su órbita alrededor del sol.

Tubo de Luz de Cristal Diamantino: Un cilindro de luz divina como se muestra en nuestra gráfica "Naturaleza Búdica", el que nos cubre, protege y sella en un campo energético de perfección inviolable. Este tubo de reluciente radiancia desciende de nuestra Presencia Solar cuando lo invocamos.(Véanse oraciones 0.001 y 0.005 en el libro de oraciones del Centro de Corazones y en nuestra tienda virtual en www.heartscenter.org.

Virya: Una palabra Sánscrita que significa "energía, fervor, vigor."

Zona de aprendizaje contiguo: la diferencia entre lo que un estudiante puede lograr independientemente y lo que puede alcanzar con instrucción; esa área donde ciertas habilidades o funciones no han madurado completamente en el estudiante, sino que están en estado embriónico. Es un concepto introducido por el psicólogo soviético Lev Vygotsky para evaluar más correctamente la inteligencia de un estudiante en vez de dar pruebas académicas y decidir cómo proceder con la instrucción.

Créditos por las Imágenes

Ofrecemos nuestros más sentidos agradecimientos por permitirnos reproducir el siguiente material:

Las ilustraciones de Mario Duguay: *El Despertar, Convirtiéndose en Luz, Llama a la Luz, Ven a la Luz, El Sol Divino, Elevación, El Regalo de Vida, Salud, Ahora, Receptividad, De Vuelta a mi Esplendor, Fuente de la Vida, Hacia la Luz, La Verdadera Naturaleza, Unión, Unidad;* todos usados con permiso.

El *Fiat Rex* por Nicolás Roerich, Museo de Nicolás Roerich, Nueva York; usado con permiso.

Vuestra Naturaleza Búdica
La Anatomía de Vuestra Individualidad en Dios

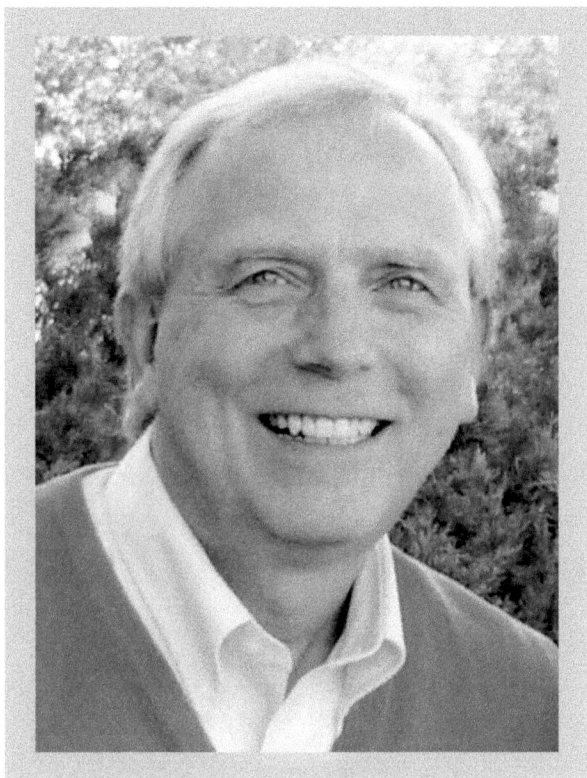

David Christopher Lewis

Es autor, profesor espiritual y compositor. Él es uno de los fundadores del Centro de Corazones, una organización sin fin de lucro dedicada a ayudar a todos, a nutrir su propio potencial espiritual. David conduce seminarios por todo el mundo, presenta webinarios y realiza trasmisiones en vivo sobre diversos tópicos espirituales periodicamente. Para más información sobre sus libros, discos compactos de música y seminarios publicados, visite www.heartscenter.org. David vive con su esposa en Livingston, Montana.

www.ingramcontent.com/pod-product-compliance
Lightning Source LLC
Chambersburg PA
CBHW051414090426
42737CB00014B/2670